Raffa

# HACER PUNTO

EDITORIAL DE VECCHI, S. A.

*Traducción de Mar Navarro Olmo*

*Proyecto gráfico de la cubierta de Design 3*

*Fotografías de la autora*

*Dibujos de Elena Chiesa y Raffaela Curci*


© Editorial De Vecchi, S. A. 2000
Balmes, 247. 08006 BARCELONA
Depósito Legal: B. 2.164-2000
ISBN: 84-315-2338-7

# ÍNDICE

INTRODUCCIÓN . . . . . . . . . . . . . . . . . . . . . . . . . . . . . . . . . . . . . . . . . . 7

**EMPECEMOS A TRABAJAR** . . . . . . . . . . . . . . . . . . . . . . . . . . . . 9

UTENSILIOS NECESARIOS . . . . . . . . . . . . . . . . . . . . . . . . . . . . . . . . 10

CONOCER LA LANA . . . . . . . . . . . . . . . . . . . . . . . . . . . . . . . . . . . . 12

CÓMO LAVAR, TENDER Y PLANCHAR . . . . . . . . . . . . . . . . . . . . . . 15
Lavar . . . . . . . . . . . . . . . . . . . . . . . . . . . . . . . . . . . . . . . . . . . . . . 15
Tender . . . . . . . . . . . . . . . . . . . . . . . . . . . . . . . . . . . . . . . . . . . . . 15
Planchar . . . . . . . . . . . . . . . . . . . . . . . . . . . . . . . . . . . . . . . . . . . . 15

RECUPERAR LA LANA . . . . . . . . . . . . . . . . . . . . . . . . . . . . . . . . . . 17
Primer método . . . . . . . . . . . . . . . . . . . . . . . . . . . . . . . . . . . . . . . 17
Segundo método . . . . . . . . . . . . . . . . . . . . . . . . . . . . . . . . . . . . . . 17
Tercer método . . . . . . . . . . . . . . . . . . . . . . . . . . . . . . . . . . . . . . . 17
Cuarto método . . . . . . . . . . . . . . . . . . . . . . . . . . . . . . . . . . . . . . . 17

PEQUEÑOS SECRETOS ÚTILES . . . . . . . . . . . . . . . . . . . . . . . . . . . 18

LA MUESTRA . . . . . . . . . . . . . . . . . . . . . . . . . . . . . . . . . . . . . . . . 21

CÓMO UNIR DOS HILOS DURANTE LA ELABORACIÓN . . . . . . . . . . 22

LOS «INCIDENTES» DEL TRABAJO . . . . . . . . . . . . . . . . . . . . . . . . 23

CÓMO EMPEZAR A HACER PUNTO . . . . . . . . . . . . . . . . . . . . . . . . 24
Empezar con un ojal y una aguja . . . . . . . . . . . . . . . . . . . . . . . . . . 24
Empezar con un ojal y dos agujas . . . . . . . . . . . . . . . . . . . . . . . . . . 25

LOS PUNTOS BÁSICOS . . . . . . . . . . . . . . . . . . . . . . . . . . . . . . . . . 26
Punto del derecho . . . . . . . . . . . . . . . . . . . . . . . . . . . . . . . . . . . . . 26
Punto del revés . . . . . . . . . . . . . . . . . . . . . . . . . . . . . . . . . . . . . . . 26

LAS ELABORACIONES BÁSICAS . . . . . . . . . . . . . . . . . . . . . . . . . . 27
Punto unido . . . . . . . . . . . . . . . . . . . . . . . . . . . . . . . . . . . . . . . . . 27
Punto alisado . . . . . . . . . . . . . . . . . . . . . . . . . . . . . . . . . . . . . . . . 28

Canalé 1/1 . . . . . . . . . . . . . . . . . . . . . . . . . . . . . . . . . . . . . . . . . . . 28
Canalé 2/2 . . . . . . . . . . . . . . . . . . . . . . . . . . . . . . . . . . . . . . . . . . . 28

ALGUNAS TÉCNICAS CONCRETAS . . . . . . . . . . . . . . . . . . . . . . . . . . . . 29
Punto retorcido . . . . . . . . . . . . . . . . . . . . . . . . . . . . . . . . . . . . . . . . 29
Punto de media . . . . . . . . . . . . . . . . . . . . . . . . . . . . . . . . . . . . . . . . 29
Punto alargado . . . . . . . . . . . . . . . . . . . . . . . . . . . . . . . . . . . . . . . . 30
Punto doble . . . . . . . . . . . . . . . . . . . . . . . . . . . . . . . . . . . . . . . . . . 30
Punto cruzado . . . . . . . . . . . . . . . . . . . . . . . . . . . . . . . . . . . . . . . . 30
Estrecho del derecho y estrecho del revés . . . . . . . . . . . . . . . . . . . . . 31
Punto superpuesto . . . . . . . . . . . . . . . . . . . . . . . . . . . . . . . . . . . . . 31
Punto baldío . . . . . . . . . . . . . . . . . . . . . . . . . . . . . . . . . . . . . . . . . 32

EL PUNTO TUBULAR . . . . . . . . . . . . . . . . . . . . . . . . . . . . . . . . . . . . 33
Empezar con un hilo de color diferente . . . . . . . . . . . . . . . . . . . . . . 33
Empezar con el mismo hilo usado para el trabajo . . . . . . . . . . . . . . . . 34
Finalizar el punto tubular . . . . . . . . . . . . . . . . . . . . . . . . . . . . . . . . 35

LOS AUMENTOS . . . . . . . . . . . . . . . . . . . . . . . . . . . . . . . . . . . . . . . 36
Aumentos externos . . . . . . . . . . . . . . . . . . . . . . . . . . . . . . . . . . . . 36
Aumentos internos simples . . . . . . . . . . . . . . . . . . . . . . . . . . . . . . . 36
Aumentos internos simétricos . . . . . . . . . . . . . . . . . . . . . . . . . . . . . 37
Aumentos internos dobles . . . . . . . . . . . . . . . . . . . . . . . . . . . . . . . 38

LAS DISMINUCIONES . . . . . . . . . . . . . . . . . . . . . . . . . . . . . . . . . . . 39
Disminuciones externas . . . . . . . . . . . . . . . . . . . . . . . . . . . . . . . . . 39
Disminuciones internas simples . . . . . . . . . . . . . . . . . . . . . . . . . . . . 39
Disminuciones internas simétricas . . . . . . . . . . . . . . . . . . . . . . . . . . 40
Disminuciones internas dobles . . . . . . . . . . . . . . . . . . . . . . . . . . . . 41

LOS BORDES DE LOS TEJIDOS . . . . . . . . . . . . . . . . . . . . . . . . . . . . . 42

LA REANUDACIÓN DE LOS PUNTOS . . . . . . . . . . . . . . . . . . . . . . . . . 43

LOS ELÁSTICOS . . . . . . . . . . . . . . . . . . . . . . . . . . . . . . . . . . . . . . . 44
Elásticos incorporados . . . . . . . . . . . . . . . . . . . . . . . . . . . . . . . . . . 44
Elásticos retomados . . . . . . . . . . . . . . . . . . . . . . . . . . . . . . . . . . . . 45
Elásticos separados . . . . . . . . . . . . . . . . . . . . . . . . . . . . . . . . . . . . 45

LOS OJALES . . . . . . . . . . . . . . . . . . . . . . . . . . . . . . . . . . . . . . . . . . 46

LAS ORLAS . . . . . . . . . . . . . . . . . . . . . . . . . . . . . . . . . . . . . . . . . . 48

LOS BOLSILLOS . . . . . . . . . . . . . . . . . . . . . . . . . . . . . . . . . . . . . . . 49

LOS ESCOTES . . . . . . . . . . . . . . . . . . . . . . . . . . . . . . . . . . . . . . . . 51

LOS CUELLOS . . . . . . . . . . . . . . . . . . . . . . . . . . . . . . . . . . . . . . . . 55

LAS SISAS Y LAS MANGAS . . . . . . . . . . . . . . . . . . . . . . . . . . . . . . . 56

FINALIZAR EL TRABAJO . . . . . . . . . . . . . . . . . . . . . . . . . . . . . . . . . 59

LAS COSTURAS . . . . . . . . . . . . . . . . . . . . . . . . . . . . . . . . . . . . . . . . 60

ALGUNAS ELABORACIONES PARTICULARES . . . . . . . . . . . . . . . . . . . . . . . . 62
El jacquard . . . . . . . . . . . . . . . . . . . . . . . . . . . . . . . . . . . . . . . . . . . 62
Trenzas, solapas de trenzas y avellanitas . . . . . . . . . . . . . . . . . . . . . . . . . 63

LOS ÚLTIMOS RETOQUES . . . . . . . . . . . . . . . . . . . . . . . . . . . . . . . . . . 65
Bordados . . . . . . . . . . . . . . . . . . . . . . . . . . . . . . . . . . . . . . . . . . . . 65
Pompones, borlas y flecos . . . . . . . . . . . . . . . . . . . . . . . . . . . . . . . . . . 67

**LOS MODELOS** . . . . . . . . . . . . . . . . . . . . . . . . . . . . . . . . . . . . . . . 69

PUNTOS EMPLEADOS . . . . . . . . . . . . . . . . . . . . . . . . . . . . . . . . . . . . . 69
JERSEY CON CARA DEL REVÉS . . . . . . . . . . . . . . . . . . . . . . . . . . . . . . . 70
CÁRDIGAN DE LANA FANTASÍA . . . . . . . . . . . . . . . . . . . . . . . . . . . . . . . 72
JERSEY A RAYAS BLANCAS Y NARANJAS . . . . . . . . . . . . . . . . . . . . . . . . . 75
FALDA Y CASACA . . . . . . . . . . . . . . . . . . . . . . . . . . . . . . . . . . . . . . . 77
JERSEY PARA HOMBRE CON CUELLO DE POLO Y CREMALLERA . . . . . . . . . . . . 80
REBECA CON HENDIDURAS DE PUNTO DE TABLERO . . . . . . . . . . . . . . . . . . 83
VESTIDO DE MEZCLA Y CHALECO . . . . . . . . . . . . . . . . . . . . . . . . . . . . . 86
CÁRDIGAN CON CUELLO DE CHAL . . . . . . . . . . . . . . . . . . . . . . . . . . . . 91
CÁRDIGAN CON ADORNOS DE PUNTO DEL REVÉS . . . . . . . . . . . . . . . . . . . 94
CÁRDIGAN A TRENZAS Y CHALECO DE PUNTO DE IRLANDA . . . . . . . . . . . . . 98
TOQUILLA BORDADA Y CONJUNTO DE RECIÉN NACIDO . . . . . . . . . . . . . . . . 104
CÁRDIGAN CON CANALÉ CALADO . . . . . . . . . . . . . . . . . . . . . . . . . . . . 108
CÁRDIGAN CON CANALÉ INGLÉS . . . . . . . . . . . . . . . . . . . . . . . . . . . . . 110
CÁRDIGAN DE LANA MOHAIR FANTASÍA . . . . . . . . . . . . . . . . . . . . . . . . 114
CASACA CON TIRAS DE TRENZAS . . . . . . . . . . . . . . . . . . . . . . . . . . . . . 118
CASACA DE PUNTO DE TULIPÁN . . . . . . . . . . . . . . . . . . . . . . . . . . . . . 120
GUARDAPOLVO CON MOTIVOS DE HOJITAS *À JOUR* . . . . . . . . . . . . . . . . . 122
CÁRDIGAN CON CALADOS, JACQUARD Y BORDADOS . . . . . . . . . . . . . . . . . 124

# Introducción

Hacer punto es un arte antiguo que, hasta hace algunos decenios, pasaba de generación en generación como una «dote» indispensable y preciosa: la madre enseñaba a sus hijas, todavía niñas, las nociones elementales; al principio las pequeñas «aprendizas» aprendían a idear y crear vestidos para sus muñecas y después, conforme iban creciendo, adquirían destreza y refinamiento, de modo que su creatividad era cada vez más precisa.

Hoy día, hacer punto se cataloga como afición, como una actividad sobre todo útil para relajarse después de toda una jornada transcurrida fuera de casa. Hacer punto ha pasado a ser un placer, y está bien que sea considerado como tal, ya que si nos resulta divertido y relajante los progresos serán igual de veloces que nuestra fantasía. Además, saber hacer trabajos a mano significa ir al mismo paso que las tendencias de la moda, ya que hasta los más famosos estilistas tienen una tienda de artículos de punto y colaboran en numerosas ocasiones con revistas especializadas, proponiendo trabajos propios en las propuestas para realizar y en los modelos.

Este libro contiene las indicaciones necesarias sobre el arte de hacer punto para quien esté poco acostumbrado al uso de las agujas, pero también enseña algunas técnicas nuevas destinadas a profundizar en unos conocimientos sólidos. También se encuentran trucos para facilitar el trabajo y respuestas a cada duda o incertidumbre que pueda surgir durante la elaboración de algún tejido. En la primera parte se describen los tipos de hilo y los «utensilios del oficio»; una vez adquiridos estos conocimientos, se pasará a la práctica, cómo empezar a hacer los primeros puntos, las disminuciones y los aumentos. En la segunda parte, dedicada a los modelos, se describe cómo realizar algunas prendas concretas. Cuando sea necesario, aparecerá el esquema de los puntos que haya que seguir, representados sobre un fondo cuadriculado, según el sistema del punto de cruz; de este modo, a cada cuadradito le corresponde un punto.

Siguiendo las instrucciones de este manual, tanto los aprendices como los expertos en el arte de tricotar, podrán seguir cualquiera de las propuestas que aquí aparezcan, para sí mismos o para los demás; de modo que, además de relajarse y sentirse orgullosos del trabajo realizado, podrán hacer un bonito regalo hecho con sus propias manos.

¡A disfrutar haciendo un buen trabajo!

# EMPECEMOS A TRABAJAR

# Utensilios necesarios

Para hacer punto, los utensilios indispensables son las agujas y los hilos. También hay una serie de accesorios necesarios, aunque no indispensables, que pueden agilizar el trabajo y que se adquieren en tiendas especializadas.

## Agujas normales

Son las agujas que terminan en punta, empleadas en cualquier elaboración normal, y se usan en pares. Antiguamente eran de acero, aluminio, madera, hueso, etc.; hoy las agujas de metal plastificado son las de uso más común, sobre todo cuando se trabaja con lanas muy gruesas, ya que son muy ligeras. Las agujas están numeradas según su diámetro (medido en milímetros) y empiezan en el número 1 y 1/2 hasta llegar al número 10. Cuanto más grueso sea el hilo con el que se vaya a trabajar, más gruesas deberán ser las agujas. En lo que se refiere a su longitud, las agujas que terminan en punta pueden ser de 25, 30 y 35 centímetros. Elegiremos una u otra longitud en función del tipo de punto que vayamos a trabajar.

## Agujas con dos puntas

Este tipo de agujas se utiliza para hacer trabajos concretos, por ejemplo guantes y calcetines, o para seguir rayas horizontales que tengan un número impar de giros. Son un poco más cortas que las agujas que terminan en punta, pero al igual que estas, están numeradas según su diámetro. También se recurre a las agujas con dos puntas en las elaboraciones circulares. Se pueden usar por pares o utilizarse cuatro o cinco por vuelta, recurriendo a la técnica llamada «juego de agujas».

## Aguja circular

Sirve para las elaboraciones circulares sin costuras, y para trabajar puntos de ida y vuelta cuando hay muchos de estos. Está formada por dos puntas, generalmente de acero, unidas por un robusto hilo de nailon. Numerada según su diámetro, la aguja circular se encuentra en las tiendas del número 2 al número 5. En algunas elaboraciones, puede sustituir al juego de agujas con dos puntas.

## Aguja auxiliar

Es una aguja con dos puntas, un poco más corta que las otras, y respeta la numeración según el diámetro. Sirve para mantener suspendidos a un cierto número de puntos (por ejemplo, cuando se hacen las trenzas).

## Alfiler

Similar a un imperdible grande, sirve para dejar «suspendidos» algunos puntos para enlazarlos con más agujas.

## Contador

Es un pequeño cilindro, generalmente de plástico, que enhebrado en el extremo de una aguja, salta a otra aguja, marcando así cuantas «agujas» o «giros» se hayan hecho.

## Aguja de ganchillo

De plástico o de acero, sirve para retomar los puntos que se han deshecho, para dar el último retoque a la elaboración, etc. Están numeradas según su diámetro medido en milímetros y deben ser proporcionales al grosor del hilo.

## Aguja de lana

Se diferencia de las agujas normales de costura por sus grandes dimensiones, con el ojo de la aguja más grande y alargado y, normalmente, con la punta redondeada. Esta última característica es indispensable para no «deshilachar» la lana o el algodón durante la costura de los «tejidos» ultimados (es decir, las pequeñas piezas que, una vez unidas, componen el trabajo realizado).

## DEVANADERA

Aunque parezca un objeto antiguo, en realidad es muy útil. Sirve para devanar las madejas o para formarlas cuando se deshace un tejido viejo. Durante un tiempo fue de madera natural, pero hoy la devanadera es de plástico y metal, y tiene brazos extensibles, fácilmente regulables gracias al eje central.

## METRO

Es imprescindible, ya sea para controlar que las medidas del trabajo se corresponden con las de la explicación, o para medirlo paso a paso conforme se va procediendo. Es preferible el metro de cinta (el que utilizan los sastres).

## FIJADORES

Tienen las conteras de diferentes colores y son de diferentes

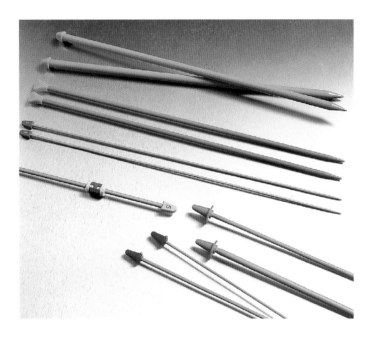

medidas. Se ponen en las partes extremas de las agujas cada vez que se termina de trabajar para evitar que los puntos caigan de la aguja. Se enhebran en las partes extremas de las dos agujas emparejadas cuando se interrumpe el trabajo.

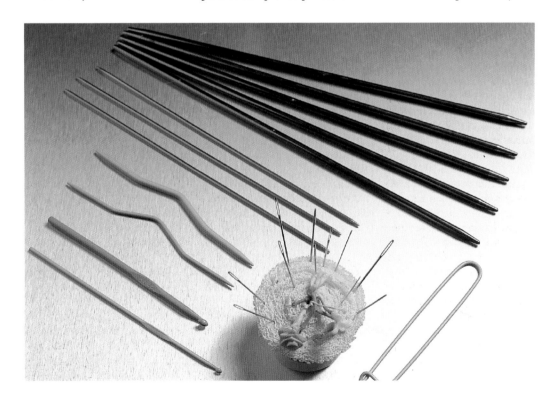

# CONOCER LA LANA

Para obtener un trabajo de buena calidad, ya sea para vestir o para decorar, es muy importante elegir el hilo adecuado. Por eso es necesario aprender a distinguir los diferentes tipos de hilos que tenemos a nuestra disposición y sus usos más apropiados.

El material más utilizado para las labores de punto es sin duda la lana, presentada en el mercado bajo aspectos cada vez más variados y en combinaciones diferentes. Una primera división se basa en el grado de pureza. Leyendo las indicaciones relativas a la composición del hilo (obligatorias por ley) que se encuentran en las etiquetas que envuelven los hilos cuando están a la venta, la lana puede dividirse en los siguientes tipos:

— pura lana virgen marcada, cuando se trata de lana nueva pura al 100 %;
— pura lana, cuando es pura al 100 %, pero obtenida mediante el deshilachado de tejidos de lana;
— lana o lana virgen en porcentaje, cuando está mezclada con otro tipo de hilos de cierta calidad; por ejemplo, 80 % de lana y 20 % de acrílico, o 60 % de lana y 40 % de mohair.

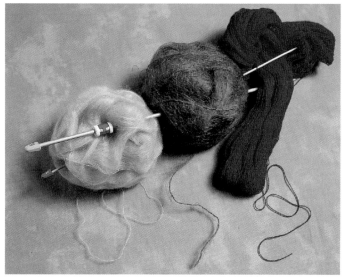

*Algunos hilos particularmente suaves: kid mohair (rosa), mohair (azul), zephir (rojo)*

Los diferentes tipos de lana también pueden ser distintos si se consideran su grosor, su grado de torsión, su elasticidad, su calidad; a veces el nombre del hilo ya de por sí ofrece una primera indicación sobre sus características.

## ALPACA
Es una lana de calidad, extraída de la alpaca, animal originario de los Andes.

## ANGORA
Muy caliente, ligera y suave, además de extremadamente cara, la lana de Angora se obtiene del pelo de los conejos de raza homónima. Tiene un rendimiento excepcional y se utiliza especialmente para elaboraciones elegantes. Atención: es desaconsejable utilizar lana de angora para la confección de tejidos para recién nacidos; el pelo de este hilo les pica y les hace toser.

## BOUCLÉ
Es un hilo de fantasía, generalmente sutil o medio, enriquecido con nuditos y rizos. Una vez elaborado el tejido, el

efecto que produce este hilo es el mismo que el de una esponja.

## CABLÉ
Es un hilo muy retorcido, disponible en diferentes grosores. Su característica principal es el óptimo resultado que ofrece.

*Lana basta (azul), lana sport (beige), bouclé (verde): sobre todo las dos primeras están indicadas para la realización de tejidos para el deporte*

*Otra representación de hilos: angora (gris), perlé (amarillo), lambswool (rojo), cablé (verdoso)*

*Todavía más ejemplos de hilos entre los que elegir el más adecuado para elaborar punto: lana baby (rosa), mezcla, lana sport (roja)*

vienen indicados los porcentajes de ambos.

### LANAS BABY
Son generalmente de pura lana virgen, inencogibles, particularmente suaves, resistentes a lavados frecuentes, normalmente disponibles en colores pastel. Se encuentran en dos grosores diferentes: más sutiles para prendas de vestir (no necesariamente de uso exclusivo para niños), más gruesas para chaquetas.

### MEZCLA
Un hilo de fantasía que está de moda. Está formado por hilos de colores y a veces de grosores y calidades diferentes.

### MOHAIR
Se trata de otro hilo de calidad. El mohair «nace» del vello de las cabras de Angora. Las características que lo hacen agradable son su ligereza, el pelo suave, y el óptimo resultado que ofrece en su elaboración.

### PERLÉ
Se trata de un hilo muy resistente, utilizado sobre todo para hacer ganchillo.

### SHETLAND
Del vello de las ovejas criadas en las islas británicas homónimas, se obtiene un hilo ligeramente peludo, poco retorcido: el shetland. Es un hilo clásico, fácil de elaborar, de buena calidad, adecuado para la confección de prendas deportivas de un peso medio.

### ZEPHIR
Es un hilo sutil (2, 3 o 4 hilos), clásico, muy suave, indicado sobre todo para los trabajos hechos a máquina.

### CAMELLO
Es un hilo muy clásico, usado, hasta hace algunos años, exclusivamente para chalecos y jerséis para hombre. Ahora vuelve a entrar en la moda femenina; se extrae del pelo del camello.

### HILOS DEPORTIVOS (O LANA SPORT)
Son lanas de 4, 6 u 8 hilos, normalmente suaves, adecuadas para la realización de jerséis y chaquetas. Fáciles y rápidas de elaborar, ofrecen un rendimiento medio.

### KID MOHAIR
Es la variedad de mohair de más calidad. Se obtiene del vello de los cabritos de Angora.

### LAMBSWOOL
Es una lana de calidad, extraída del vello de los corderos en su primer esquilado. Es ligera, muy suave, caliente y de un resultado óptimo.

### LANA BASTA
Como el nombre indica, es una lana que no ha sido sometida a ningún tipo de tintura o a tintes naturales. Normalmente gruesa y áspera, la lana basta se usa habitualmente para la realización de tejidos pesados, deportivos, de estilo rústico.

### LANA Y SEDA
Se trata de un hilo de calidad que se obtiene retorciendo al mismo tiempo los dos hilos. Normalmente en las etiquetas

# Cómo lavar, tender y planchar

## Lavar

No hay nada como un lavado erróneo para estropear una prenda. Por lo tanto, es indispensable aprender a lavar de una manera adecuada si queremos que los frutos de nuestro trabajo tengan una larga duración; las formas de proceder varían según el tejido de la prenda en cuestión:

— fibras vegetales (algodón, lino, cáñamo);
— fibras animales (lana y seda);
— fibras sintéticas (por ejemplo, rayón).

### Fibras vegetales
Si las prendas son de algodón, lino o cáñamo, el lavado puede efectuarse en agua caliente (a unos 40 grados) y con un detergente normal para la colada. No se aconseja dejar en remojo las prendas si sus colores no son bien sólidos; en cambio este sistema es aceptable para los tejidos blancos, pero solamente cuando estén realmente sucios.

Una vez lavada, la prenda debe aclararse más de una vez con abundante agua tibia (a una temperatura más o menos equivalente a la temperatura corporal).

### Fibras animales
El lavado de los tejidos de lana y de seda es seguramente el que tiene más dificultad; debe hacerse sólo si es realmente necesario, con agua tibia y un detergente específico. El aclarado debe repetirse varias veces con agua corriente, siempre templada. El tejido de color blanco, ya sea de lana o de seda, con el tiempo y con los lavados, a veces pierde parte de su propia blancura, volviéndose grisáceo o amarillento. Para remediar este inconveniente será suficiente sumergirlo, después del lavado y el aclarado, en abundante agua tibia, a la que se le añadirá un producto blanqueador (en la prenda se indica el tiempo necesario); después será necesario un cuidadoso aclarado.

### Fibras sintéticas
Hay que lavarlas con abundante agua y una temperatura no superior a los 30 grados. Para eliminar las manchas es mejor dejar un rato el tejido en remojo que frotarlo con energía. Una vez lavadas, las prendas sintéticas deben aclararse cuidadosamente; se aconseja tenderlas sin estrujarlas; así se evitará que se formen pliegues o arrugas difíciles de eliminar incluso con el planchado, que en todos los casos deberá ser ligero, regulando la intensidad de la plancha.

## Tender

Tender correctamente asegura al tejido una vida más larga y evita que la prenda se quede mellada, se estire o se alargue de tal modo que pueda quedar deformada irremediablemente.

Generalmente los tejidos no se deben estrujar con una energía excesiva después del lavado; lo más recomendable es eliminar el exceso de agua poniéndolos entre dos trozos de esponja, apretándolos ligera y uniformemente, o enrollándolos y dejándolos así durante algunos minutos. Se tienden a la sombra, si es posible lejos de fuentes de calor y nunca colgados sino tumbados en llano.

## Planchar

La última operación para dejar otra vez como nuevas las prendas hechas a mano es el planchado. También en este caso es necesario seguir las indicaciones adecuadas.

### ALGODÓN

Los tejidos de algodón se planchan con la plancha bien caliente (mejor si es con vapor), del revés para evitar que adquieran brillo.

### LINO

También los tejidos de lino se planchan con la plancha caliente, del revés para evitar brillos y para no aplastar las irregularidades del hilo.

### LANA Y SEDA

Los tejidos de lana y de seda también se planchan del revés, utilizando la plancha con vapor regulado sobre el programa de lana y seda, y poniendo entre la prenda y la plancha un paño seco.

### SINTÉTICOS Y MIXTOS

Para los tejidos de hilo sintético o mixto, hay que utilizar siempre la plancha a baja temperatura.

Veamos algunos consejos para obtener un planchado perfecto:

• Si la prenda que se va a planchar está hecha con puntos en relieve, no se debe apoyar directamente la plancha sobre el tejido, sino solamente «difuminarlo»; de este modo, no sólo se evita aplastar la prenda, sino que se consigue resaltarla más.

• Después de haber planchado un tejido de mohair, para darle suavidad y volumen al pelo del hilo, es conveniente cepillarlo con un cepillo de hierro o de cerdas duras.

• Los jerséis con canalé inglés no deben plancharse (¡quedarían más anchos que largos!); solamente hay que «regularlos» con el vapor de la plancha.

• Después de haber planchado una prenda, antes de doblarla y meterla en el armario, dejar que se enfríe y que el vapor de la plancha se seque.

• Los tejidos de lana, si se planchan con vapor y con un paño humedecido en agua y vinagre blanco, adquieren más brillo.

# Recuperar la lana

Cuando se adquiere un hilo de cierta calidad (más bien caro), en realidad se hace una pequeña inversión; de hecho la lana, si verdaderamente es buena, se puede utilizar más de una vez. Si nos cansamos de un modelo, se puede deshacer y, con el mismo hilo, hacer uno nuevo, más moderno y bonito. Se pueden seguir cuatro métodos diferentes. Lo primero que hay que hacer, sea cual sea el método que se haya escogido, es lavar la prenda vieja con un detergente específico y aclarar con delicadeza en abundante agua, siempre templada, a la que se le habrá añadido suavizante. Finalmente, aclarar de nuevo y tender con cuidado en la sombra.

## Primer método

Desharemos la prenda envolviendo la lana en la devanadera (o, en ausencia de este objeto, alrededor del respaldo de una silla), formando así una gran madeja, que cerraremos con un hilo de color diferente al del resto, lógicamente que no destiña. Sumergiremos todas las madejas obtenidas en un pila llena de agua fría y limpia. Después de haberlas retorcido ligeramente para efec-

tuar un estrujado mínimo, pondremos a secar las madejas, enhebrándolas una a una en un bastón. El peso del agua dejará la lana más basta, y de esta manera perderá las típicas ondulaciones que había adquirido con la vieja elaboración. Este es sin duda el sistema más simple de seguir, y da muy buenos resultados.

## Segundo método

Envolveremos la lana en ovillos muy estrechos y los meteremos en un colador puesto sobre una olla llena de agua hirviendo hasta que se hayan impregnado de vapor (cuanto mayores sean los ovillos más tiempo se tardará en realizar esta operación). Pondremos los ovillos a secar lejos de posi-

bles fuentes de calor. Si elegimos este método, es necesario verificar que todo el ovillo esté bien seco; sobre todo, antes de empezar a elaborar una nueva prenda, es aconsejable darle la vuelta al ovillo para comprobar cómo está la parte más interna.

## Tercer método

Conforme vayamos deshaciendo el viejo tejido, pasaremos sobre el hilo de lana la plancha con vapor. De este modo la lana perderá al instante todas las «ondas». Este sistema está indicado en los casos en los que, debiendo efectuar pequeñas modificaciones sobre la prenda, hay que deshacer pocas líneas y reutilizar la lana como estaba.

## Cuarto método

Mientras deshacemos la prenda vieja, deslizaremos el hilo de lana sobre las dos asas de una olla llena de agua hirviendo, lo enrollaremos en ovillos y los pondremos a secar en un lugar alejado de fuentes de calor. Se trata de un sistema pesado pero muy efectivo.

# Pequeños secretos útiles

• Si tenemos una mano que trabaja de forma irregular, con una tensión diferente entre las agujas del derecho y las del revés, podemos evitar que los puntos salgan desiguales usando una aguja medio número superior respecto a la otra, para la parte que se trabaje de un modo más cerrado.

• Si el mohair que usamos es demasiado flojo, uniremos a este un hilo de algodón para coser del mismo color. La prenda, una vez acabada, tendrá una mayor consistencia.

• Si la lana de Angora pierde pelo, la pondremos en una bolsita de plástico y la meteremos durante toda una noche en el congelador.

• Si el sistema del congelador no da el resultado esperado, he aquí otra sugerencia: lavar la lana de Angora con agua fría y añadir en el último aclarado algunas gotas de glicerina.

• Para que el hilo se deslice sin tropiezos y sin enredarse, y al mismo tiempo permanezca limpio, empezaremos la elaboración con el tejido que está en el interior del ovillo y no, como normalmente se hace, con el del exterior. Si después trabajamos con colores claros, se puede meter el ovillo en una bolsita o en una caja de cartón en la que se haya hecho un agujero en la tapa.

• Si no se llega a distinguir cuál es el derecho y cuál es el revés de la prenda (¡no hay que preocuparse, puede pasarle a todo el mundo!), comprobaremos el hilo con el que hemos empezado a trabajar: si este está a la derecha, el derecho está en nuestra dirección.

• Si confeccionamos una prenda para un niño pequeño, he aquí otro consejo para tener presente: empezando las mangas desde arriba (la parte superior de la manga), será más fácil alargarlas.

• Al hacer una prenda de jacquard, recordaremos que hay que usar la lana oscura un poco más gruesa que la que se usa de color claro; de este modo, el diseño dará un resultado más nítido. Además, se debe comprobar siempre el espesor de las diferentes lanas en el momento de empezar una elaboración de jacquard, ya que los hilos con espesores diferentes pueden dar al diseño efectos no deseados.

• Si una prenda de lana tiene antiestéticas «pelusillas», esta es una propuesta drástica para eliminarlas: pasar sobre las zonas más afectadas una navaja usada y tumbada. La operación tiene que seguirse con mucha atención, para evitar daños difícilmente remediables.

• Si, una vez acabada una prenda, sobra lana, se puede hacer con esta una madeja y atarla con la etiqueta que envolvía el ovillo al comprarlo. En ella se indica el número de color y el número del lavado; podemos añadir para qué prenda ha sido utilizada la lana y el número de agujas empleado. Si, posteriormente, hay que hacer alguna modificación, será todo mucho más fácil.

• Si por casualidad hay que aumentar un cierto número de puntos durante la elaboración de la prenda (por ejemplo, para unir las mangas), trabajaremos con la primera aguja los puntos retorcidos (para la elaboración de mangas retorcidas véase al capítulo *Algunas técnicas concretas*, pág. 29): mediante este procedimiento se evitan mellas desagradables.

Para aclarar los términos más utilizados y su significado, hemos elaborado el siguiente diccionario.

*Aguja de ida:* es la aguja que lleva los puntos derechos del tejido.

*Aguja de vuelta:* es la aguja que lleva los puntos de la parte posterior del tejido.

*Alargar:* se alarga el punto girando el hilo dos o más veces alrededor de la aguja de la derecha antes de pasar el punto a la aguja de la izquierda. En el giro (véase *Giro*) sucesivo la longitud del hilo envuelto creará un punto alargado.

*Aumentar/aumento:* el aumento está formado por uno o más puntos, añadidos por primera vez, es decir, nuevos, o trabajando más veces algún punto ya existente.

*Baldío:* seguir un baldío, o punto baldío, significa meter el hilo alrededor de la aguja antes de elaborar el punto.

*Borde del tejido:* está formado por los primeros puntos de la prenda que estamos empezando a elaborar.

*Cerrar/cierre:* se cierra un cierto número de puntos (por ejemplo, para hacer mangas y escotes), o se cierran todos los puntos sobre la aguja al terminar el tejido.

*Debajo de las mangas:* la costura que sigue toda la manga, desde la muñeca hasta el principio de las disminuciones que inician la manga.

*Dejar caer:* un punto caído es un punto que se ha dejado caer voluntariamente de la aguja durante la elaboración. Esta es la técnica que se utiliza en los puntos *à jour.*

*Deshacer:* se usa este procedimiento para corregir un punto erróneo.

*Disminuir/disminución:* consiste en quitar de la aguja, a través de superposiciones o enlaces, uno o más puntos.

*Enlazar/enlace:* el enlace es un sistema de cierre y de disminución. Se obtiene pasando un punto de la aguja de la izquierda a la de la derecha sin elaborarlo, haciendo regularmente el punto siguiente, y superponiendo así el primero al segundo.

*Espera:* dejar en espera un cierto número de puntos significa no elaborarlos seguidamente, sino transferirlos de la aguja de elaboración a una aguja auxiliar, o detenerlos con un imperdible (alfiler).

*Extremo:* es el borde del derecho del tejido, tanto de la derecha como de la izquierda de la pieza que se está elaborando.

*Giro:* es el correlato de la aguja que se utiliza en las elaboraciones circulares; también se usa como sinónimo de aguja.

*Hilo:* está formado por dos partes, la que está delante de la aguja y la que está en la parte de atrás. Las dos partes juntas, componen el punto.

*Limitador:* es la etiqueta que hay en el borde del tejido, exactamente en la parte interna del mismo borde.

*Pasada:* es el conjunto de todos los puntos que se encuentran sobre la aguja de elaboración.

*Pasar un punto:* dejarlo caer de la aguja izquierda a la de la derecha, sin elaborarlo.

*Punto:* cada uno de las anillas que se encuentran en las agujas. También se llama *punto* a la disposición sobre las agujas de un grupo de puntos elaborados de una determinada manera para formar un motivo concreto que se irá repitiendo.

*Punto doble:* es un punto elaborado sosteniendo la aguja derecha en el punto que está debajo del que se tiene que elaborar en la aguja izquierda, es decir, elaborado a la vez que el que está en la aguja de elaboración precedente.

*Punto de inicio:* con este término se indican todos los puntos que forman la cadeneta inicial de la elaboración (véase también *Extremo*).

*Punto tomado de detrás:* es cualquier punto que venga elaborado del derecho o del revés del hilo derecho. El resultado es un punto retorcido.

*Rehacer:* significa reconstruir con la aguja de ganchillo un punto deshecho por error o involuntariamente caído de la aguja.

*Retomar/reanudación:* se retoman los puntos que estaban en espera para proseguir con su elaboración, o se retoman los puntos de inicio o los de los bordes del tejido para alargar la prenda o para seguir con los bordes.

*Sisa:* serie de disminuciones efectuadas para obtener el hueco al que se le unirán las mangas de la prenda en cuestión.

*Trozos de tela:* son las piezas de la prenda que van a constituir la parte delantera y trasera.

*Superponer/superposición:* la superposición es una disminución que se obtiene cruzando (superponiendo) un punto sobre otro.

• Si a mitad del trabajo comprobamos que el hilo no será suficiente para acabarlo, y si los nuevos ovillos comprados tienen un tono de color ligeramente diferente, bastará con utilizar los hilos «diferentes» para la realización de los bordes: la diferencia no se notará. Si no basta para terminar la prenda, trabajaremos con una aguja el ovillo viejo y con la otra el ovillo nuevo.

• Para hacer un jacquard con varios colores y no confundirnos con los ovillos, podemos probar el siguiente procedimiento: guardar los ovillos en una caja de cartón, y hacerle a la tapa de la caja tantos agujeros como ovillos haya para trabajar, de forma que de cada agujero salga un ovillo diferente; cerrar la caja con la tapa y empezar el trabajo tranquilamente.

• Antes de empezar una prenda de jacquard o a rayas con varios colores, tendremos en cuenta la advertencia de comprobar primero si los hilos desteñirán o no. Un método muy sencillo consiste en preparar una trenza con los diferentes colores, y lavarla con agua caliente; de este modo se ve fácilmente el color que destiñe, para poder sustituirlo con tiempo y evitar daños a la prenda que se va a elaborar.

• Los restos de lana de colores diferentes se pueden aprovechar dando rienda suelta a la imaginación. Es posible confeccionar una simpática manta de viaje a cuadros mezclando, además de los colores, los puntos, o bien alegres almohadas o cintas protectoras contra el viento para las ventanas de la habitación de los niños, o bufandas y gorros multicolores, cálidos y suaves para el invierno.

## ■ EL ASTERISCO Y OTROS SÍMBOLOS

Cuando en las explicaciones de los puntos se encuentra un primer asterisco, sólo es necesario encontrar dónde está puesto el segundo asterisco. Los asteriscos, de hecho, van siempre en parejas y tienen un significado muy simple: contienen el motivo (es decir, el conjunto de los puntos) que se tiene que repetir por toda la aguja, para formar el punto elegido. Veamos un ejemplo de explicación:
*1 punto en el borde, 2 puntos del derecho, \*3 puntos del revés, 2 puntos del derecho, 1 punto baldío\*, 2 puntos del derecho, 1 punto en el borde.*
Todo lo que no está comprendido entre los asteriscos no debe ser repetido, porque no forma parte del motivo que formará el punto en sí. Si en una explicación, después del asterisco se encuentra, entre paréntesis, la indicación «x veces», significa que el motivo comprendido entre los asteriscos no deberá repetirse por toda la aguja, sino solamente un determinado número de veces.
Además del asterisco, en las elaboraciones para hacer punto, se usan numerosos símbolos; algunos aparecen en la leyenda situada debajo de estas líneas (que ilustra la explicación precedente) y se usarán en esta primera parte del libro. Para los símbolos usados en la parte correspondiente a los modelos para realizar, véase la leyenda de la página 69.

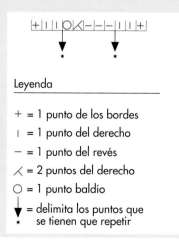

Leyenda

+ = 1 punto de los bordes

ı = 1 punto del derecho

− = 1 punto del revés

╱ = 2 puntos del derecho

○ = 1 punto baldío

▼ = delimita los puntos que
*   se tienen que repetir

# LA MUESTRA

En cada explicación bien hecha, además de los utensilios necesarios (tipo y dimensiones de las agujas, tipo y cantidad de lana), muy a menudo también se especifica el número de puntos y de rayas que se necesitan para realizar un cuadrado de 10 cm de longitud. Este cuadrado se llama *muestra*. Veamos un ejemplo de explicación:

*Usar lana sport, agujas del número 4; muestra: un cuadrado cuyo lado mide 10 cm corresponde a 20 puntos por 32 pasadas con las agujas.*

Esto significa que, utilizando la lana sport con las agujas del número 4, si se elaboran 20 puntos por 32 pasadas se obtiene una pieza de 10 cm de ancho y 10 cm de largo.

Por tanto, después de elegir el modelo que se va a realizar y tras adquirir el material necesario, hay que seguir otro paso antes de empezar con la explicación: es indispensable realizar la muestra. Comparando el cuadrado hecho por nosotros con el de la explicación, sabremos si podemos continuar sin problemas la explicación o si es necesario modificarla; si las dos muestras tienen las medidas idénticas, significa que se puede trabajar tranquilamente; si las medidas no coinciden, habrá que adaptar la explicación a las propias necesidades. Bastará con utilizar agujas de una numeración diferente para solucionarlo: medio número más si el cuadrado que se ha confeccionado es más estrecho y más corto, medio número menos si es más ancho y largo. De hecho, la tensión con la que se enlace el hilo sobre la aguja cuando se sigue un punto en concreto puede ser muy diferente. Técnicamente, al tipo de tensión se le llama *mano* de quien está tricotando. Una vez encontrada la correspondencia entre la propia muestra y la del modelo, se puede empezar a trabajar tranquilamente siguiendo el número de puntos del modelo elegido. Y en cada caso con la prudencia de ir comprobando de vez en cuando el cuadrado, midiéndolo con el metro o contando las líneas.

Si después deseamos cambiar el tipo de hilo y el número de las agujas, la realización de la muestra requiere un ingenio importante, prácticamente indispensable: en este caso, el número de puntos indicados en el modelo no será de ninguna utilidad, ya que habrá que cambiar los cm de la explicación a puntos del propio cuadrado.

Para que el resultado sea totalmente positivo, es mejor seguir una muestra más grande que la que viene propuesta en la explicación: si el cuadrado sugerido es de 10 × 10 cm, es preferible realizarlo de por lo menos 15 × 15 cm. Cuando se efectúan las medidas de la muestra, está bien tener en cuenta solamente las medidas de la parte central, ya que los puntos de inicio, los extremos y los enlaces de cierre se alterarán y cambiarán la elaboración. Además, si el modelo elegido tiene elaboraciones diferentes, se deben realizar tantas muestras como puntos diferentes haya previstos, excluyendo los de los bordes o los de los últimos retoques.

# CÓMO UNIR DOS HILOS DURANTE LA ELABORACIÓN

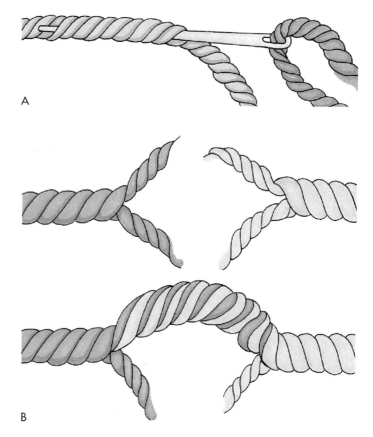

A

B

Durante la elaboración de una prenda es inevitable que se termine un ovillo y sea necesario empezar uno nuevo. Si el paso de un ovillo a otro sucede al final de la aguja, no habrá problemas, ya que las puntas de los dos hilos quedarán escondidas en la costura de la prenda durante el ensamblaje. Sin embargo, es más problemático cuando hay que unir los dos hilos en la mitad de la aguja. Si no sabemos calcular si la longitud del hilo permitirá acabar la línea, no se aconseja deshacer los puntos que ya estén hechos, ya que normalmente se puede evitar que el nudo se vea. He aquí cómo se puede proceder a ello.

Un primer método permite enhebrar una aguja de lana con el hilo que se está terminando y pasarlo al interior del hilo nuevo. Se realizan así algunos puntos con el hilo, que se pueden llamar *retorcidos,* y se prosigue con total normalidad con el ovillo nuevo (figura A).

El segundo método, con algo más de dificultad pero con un resultado estéticamente mejor, consiste en abrir por la mitad los dos hilos de lana, el que está por terminarse y el que se debe empezar. Se unen una mitad de uno y otra mitad del otro de modo que se for-

me un nuevo hilo con un grosor igual al que se estaba utilizando, y se hacen algunos puntos; así se puede continuar con el hilo nuevo. Las mitades de los dos hilos que no se hayan utilizado se mimetizarán en los puntos de elaboración con la ayuda de una aguja de lana (figura B).

Aunque los dos métodos propuestos aquí son válidos y adecuados para cada situación, es más sencillo intentar empezar un ovillo nuevo al principio de la aguja; la parte que quedará sin utilizar en la elaboración podrá servir para las costuras o para retocar la elaboración.

# Los «INCIDENTES» DEL TRABAJO

Para retomar un punto caído, en la parte derecha de la elaboración se introduce una aguja de hacer ganchillo desde abajo hacia arriba en el punto que se ha caído (que debe encontrarse delante de los hilos que estén en horizontal) y reharemos un punto al mismo tiempo que retomamos los hilos horizontales (figura A).

En la parte del revés, introduciremos una aguja de ganchillo de arriba hacia abajo en el punto que se ha caído (que estará detrás de los hilos horizontales) y reharemos un punto al mismo tiempo deshilando cada vez la aguja de hacer ganchillo e insertándola de nuevo en el punto que se acaba de hacer, detrás del hilo horizontal siguiente (figura B). Otro tipo de error, se verifica al elaborar un punto erróneo y darse cuenta cuando se ha hecho ya un buen trozo. En este caso, no es necesario deshacer todo lo que se ha elaborado hasta ahora sino solamente el punto «culpable»: es suficiente con hacer caer el punto de la aguja de elaboración y «deshacerlo» hasta encontrar el punto exacto en el que se encuentra el error; entonces se «rehace» siguiendo el procedimiento para los puntos que se han caído.

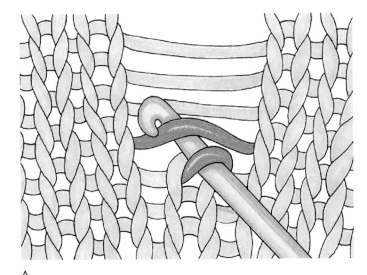

A

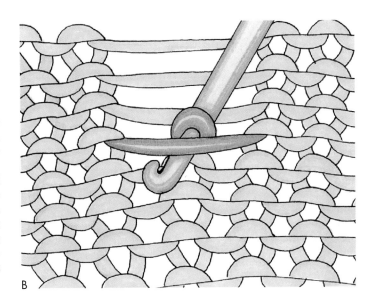

B

# CÓMO EMPEZAR A HACER PUNTO

Con la elaboración de los primeros puntos empieza la confección de la prenda. Recordemos que cometer errores es inevitable, sobre todo si se trata de los primeros contactos con las agujas de hacer punto. Lo importante es no desanimarse al primer fallo y poner cada vez más empeño. No hay que conformarse con los resultados obtenidos al principio porque sin duda los siguientes serán mejores: hacer punto entusiasma mucho si el resultado satisface plenamente. A trabajar, pues.

## Empezar con un ojal y una aguja

Sin ninguna duda, se trata del sistema más sencillo para empezar los primeros puntos de una prenda; es muy práctico, aunque, por otra parte, tiene poca consistencia.

1. Colocaremos una aguja bajo la axila derecha. Cogeremos el hilo por el principio con la mano izquierda entreabierta, lo retendremos ligeramente bajo el dedo meñique, y entonces lo pasaremos alrededor del pulgar y después por el índice, formando un gran ojal (figura A.1).

2. Utilizando la aguja situada debajo de la axila derecha, procederemos a levantar el ojal que se acaba de formar (figura A.2).

3. Ahora, con el dedo índice de la mano derecha, llevaremos el hilo del ovillo hacia la aguja: de abajo a arriba y de izquierda a derecha (figura A.3).

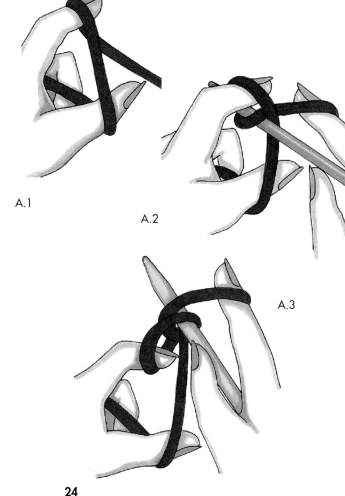

A.1

A.2

A.3

4. Con el pulgar de la mano izquierda estiraremos ligeramente el primer hilo con el que vamos a empezar, y con el dedo índice de la mano derecha el del ovillo; al mismo tiempo, con el índice de la mano izquierda alzaremos la anilla que se ha formado y la llevaremos al otro lado de la aguja (figura A.4).

5. Después de haber tirado un poco de la anilla (figura A.5), quitaremos el dedo índice de la mano izquierda, mientras con el de la mano derecha tiraremos ligeramente el hilo del ovillo. De este modo estará hecho sobre la aguja el primer punto.

6. Procederemos de la misma manera para formar los puntos siguientes.

## Empezar con un ojal y dos agujas

Esta manera de empezar a hacer punto es seguramente la preferible: es sencilla y veloz, y da un resultado óptimo, consistente y elástico al mismo tiempo.

1. Formaremos el primer punto de la misma manera que se ha explicado en el sistema anterior (con un ojal y una aguja). Pasaremos la aguja de derecha a izquierda y pondremos bajo la axila derecha la segunda aguja. Sostendremos en esta última el punto que estaba sobre la aguja izquierda, de delante hacia detrás y entonces pasaremos el hilo del ovillo sobre la aguja de abajo hacia arriba (figura B.1).

2. Sacaremos un poco la aguja derecha de modo que extraigamos el segundo punto, sin hacer que se caiga el primero (figura B.2).

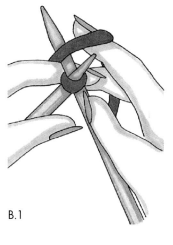

B.1

B.2

3. Pasaremos el segundo punto de la aguja derecha a la aguja de la izquierda y repetiremos la operación que se ha explicado anteriormente para realizar un nuevo punto. Se procede así hasta obtener sobre la aguja izquierda el número deseado de puntos.

Dentro de las técnicas para hacer los primeros puntos de una prenda, también se incluye el punto tubular, cuya ejecución es más compleja, y requiere conocimientos de los puntos básicos. Por lo tanto, se explicará en el capítulo *El punto tubular* (pág. 33).

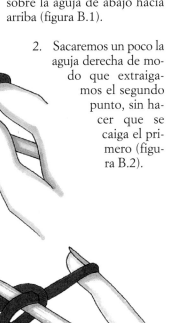

A.4

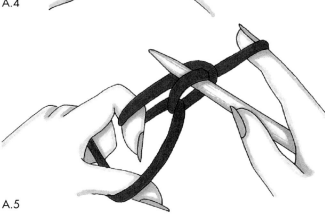

A.5

# LOS PUNTOS BÁSICOS

La base para hacer punto está constituida por el punto del derecho y el punto del revés.

Una vez aprendidas estas dos técnicas, es posible realizar cualquier prenda.

## Punto del derecho

1. Sostendremos la aguja derecha pasando, de delante hacia detrás, el primer punto de la aguja izquierda (figura A.1).

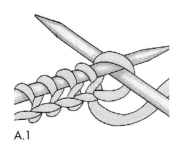

A.1

2. Pasaremos el hilo sobre la aguja derecha, de abajo hacia arriba (figura A.2).

3. Retiraremos la aguja derecha a través del punto de la aguja izquierda, para conseguir que el hilo quede tirante (figura A.3).

4. Extraeremos el punto derecho, dejando caer de la aguja izquierda el punto que acaba de hacerse (figura A.4).

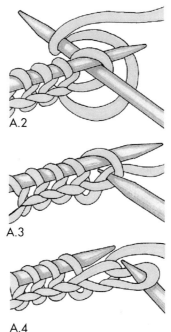

A.2

A.3

A.4

## Punto del revés

1. Sostendremos la aguja derecha, de atrás hacia delante, en el primer punto de la aguja izquierda (figura B.1)

2. Pasaremos el hilo sobre la aguja derecha (figura B.2).

3. Retiraremos la aguja derecha por el punto de la aguja izquierda, de modo que se lleve el hilo enhebrado (figura B.3).

4. Dejaremos caer de la aguja izquierda el punto elaborado (figura B.4).

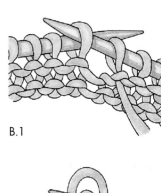

B.1

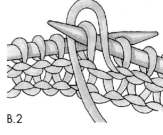

B.2

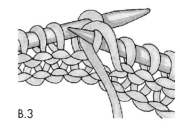

B.3

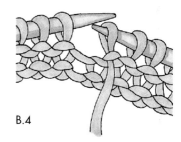

B.4

# LAS ELABORACIONES BÁSICAS

Después de haber aprendido los puntos básicos, es decir, el punto del derecho y el punto del revés, veremos las elaboraciones básicas, que se obtienen a través de ellos.

Antes de pasar a la descripción de estos puntos, retomaremos las definiciones de algunos términos para hacer más sencillas las descripciones:

— *punto:* es cada anilla que se encuentra sobre la aguja;
— *pasada:* es lo que se obtiene al pasar, de la aguja izquierda a la de la derecha, todos los puntos que han sido elaborados;
— *aguja de ida:* es la aguja que lleva la parte derecha del trabajo (figura A);
— *aguja de vuelta:* es la aguja que lleva el revés del trabajo (figura B).

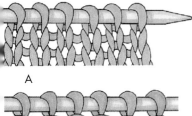

A

B

## Punto unido

Generalmente viene indicado sencillamente como unión y se obtiene trabajando todos los puntos del derecho o del revés. La unión, de hecho, ofrece el mismo tipo de elaboración ya sea por un lado o por el otro. Ya que el unido es un punto que tiende a hacer mellas, es necesario aplicar un pequeño consejo: si hacemos el punto muy suelto, es aconsejable trabajar todos los puntos del revés; si en cambio tenemos tendencia a hacer el punto muy apretado, será más conveniente seguir el punto unido del derecho.

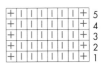

Para la ejecución de los diferentes tipos de bordes (entre los que podemos elegir el que más nos guste),véase el capítulo *Las orlas* (pág. 48).

## Punto alisado

Se obtiene alternando el punto del derecho y el punto del revés. El resultado es un tipo de elaboración que presenta dos efectos distintos sobre las dos caras de la prenda. El punto alisado, precisamente por esto, se divide en punto alisado del derecho y punto alisado del revés. Para ambos casos, las muestras de la fotografía tienen la parte derecha elaborada con el punto alisado del derecho, y la parte de la izquierda con el punto alisado del revés.

## Canalé 1/1

Usado sobre todo para hacer los bordes y dar los últimos retoques, el canalé 1/1 se obtiene alternando por toda la aguja un punto del derecho y un punto del revés. En la aguja de vuelta, debemos elaborar los puntos como se presentan, es decir, derecho sobre derecho y revés sobre revés.

## Canalé 2/2

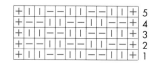

Al igual que el canalé 1/1, se utiliza para hacer los bordes y los últimos retoques. Se hace alternando dos puntos del derecho y dos puntos del revés. También en este caso, como en el canalé 1/1, en la aguja de vuelta debemos elaborar los puntos tal y como se presenten. El canalé 3/3, 4/4, etc. se elabora igual.

# ALGUNAS TÉCNICAS CONCRETAS

Consideraremos algunas técnicas particulares que se pueden utilizar para trabajar con los puntos del derecho y del revés.

## Punto retorcido

DEL DERECHO
Se elabora como un punto del derecho normal, pero tomándolo desde atrás; lo preferible es sostener la aguja de la derecha en el primer punto de la aguja izquierda pasándola por el hilo posterior del punto. Este punto es menos elástico que el punto del derecho normal (figura A).

DEL REVÉS
Se realiza igual que el punto del revés normal, pero tomándolo desde detrás; hay que sostener la aguja derecha en el hilo posterior del primer punto de la aguja izquierda. También «aprieta» la elaboración (figura B).

## Punto de media

DEL DERECHO
Sostendremos el hilo sobre la parte de atrás de la elaboración, y empujaremos la aguja derecha en el primer punto de la aguja de la izquierda, como para elaborarlo del revés, y pasaremos el punto sobre la aguja de la derecha sin elaborarlo (figura C).

DEL REVÉS
Se sostiene el hilo sobre la parte de delante de la elaboración, se coge el punto como si fuese a elaborarse del revés, y se pasa sobre la aguja derecha sin elaborarlo (figura D).

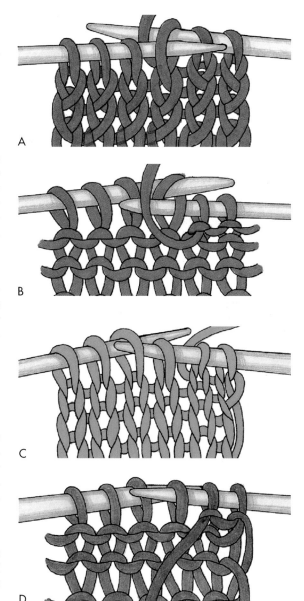

A

B

C

D

## Punto alargado

Hay que sostener la aguja derecha sobre el primer punto de la aguja izquierda (tomándolo del derecho o del revés según lo exija el punto), enrollar el hilo una o dos veces alrededor de la aguja y elaborar el punto normalmente (figura E.1). En la aguja de vuelta elaboraremos con total normalidad el punto dejando caer los hilos enrollados anteriormente (figura E.2). Como resultado tendremos un punto más largo que los otros. Como es natural, cuantas más veces se enrolle el hilo alrededor de la aguja, más alargado será el punto. Se trata de un tipo de punto usado sobre todo para las elaboraciones decorativas, ya que crea un efecto de calado.

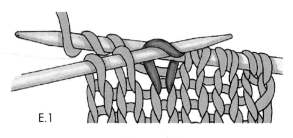

E.1

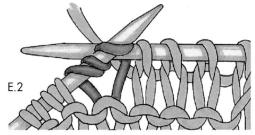

E.2

## Punto doble

Se trabaja del derecho el punto que se presenta sobre la aguja izquierda, sosteniendo la aguja en el punto correspondiente de la aguja anterior. (figura F).

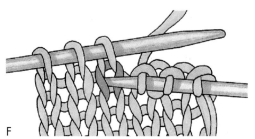

F

### DOBLE CAÍDO
Se sostiene la aguja derecha algunos puntos más abajo con respecto al punto que se debe elaborar (a menudo, el número de puntos se especifica de vez en cuando en la explicación). Se dejan caer los puntos correspondientes, deshaciéndolos, y se hace el punto desde el derecho; se prosigue así la elaboración con total normalidad. El punto doble caído se utiliza en las elaboraciones del tipo nido de abeja.

## Punto cruzado

### A LA DERECHA SOBRE EL DERECHO
Se pasa con la aguja derecha delante del primer punto y se elabora hacia la derecha el segundo sin deshacerlo; después se elabora hacia la derecha el primer punto y se deshacen los dos puntos de la aguja de la izquierda (figura G).

### A LA IZQUIERDA SOBRE EL DERECHO
El segundo punto se elabora hacia la derecha y retorcido, cogiéndolo desde detrás del primer punto; después, sin sacarlo de la aguja, elaboraremos hacia la derecha el primer punto y deshilaremos los dos puntos de la aguja de la izquierda (figura H).

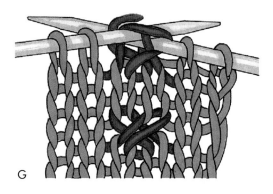

G

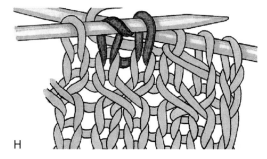

H

## A LA DERECHA SOBRE EL REVÉS

Se pasa con la aguja delante del primer punto y se elabora el segundo del revés sin sacarlo de la aguja. Se elabora del revés el primer punto y se dejan caer los dos puntos de la aguja izquierda.

## A LA IZQUIERDA SOBRE EL REVÉS

El primer punto de la aguja de la izquierda se pone en espera, sobre una aguja auxiliar, y se hace el siguiente punto del revés. Se elabora del revés el punto en espera y se prosigue con total normalidad.

## Estrecho del derecho y estrecho del revés

Se cogen dos puntos iguales y se elaboran del derecho (figura I) o del revés (figura L) obteniendo un solo punto.

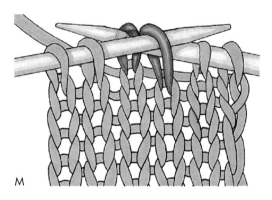

M

### DOBLE SOBRE EL DERECHO

El hilo se deja detrás de la labor y se pasa a la derecha el primer punto de la aguja izquierda; se elaboran al derecho el segundo y el tercer punto de la aguja de la izquierda, y entonces se superpone el punto pasado sobre el elaborado (figura N).

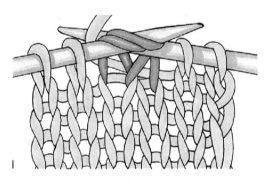

I

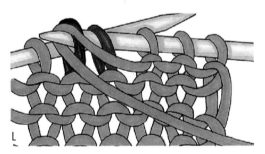

L

## Punto superpuesto

### SENCILLO SOBRE EL DERECHO

Se deja el hilo en la parte trasera de la labor, se pasa el primer punto sin elaborarlo y se hace el punto sucesivo del derecho. Con la aguja izquierda se superpone el punto pasado sobre el elaborado (figura M).

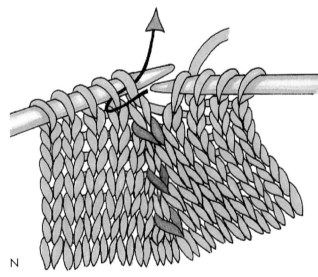

N

### SIMPLE SOBRE EL REVÉS

Se deja el hilo en la parte delantera de la labor y se pasa el primer punto sin elaborarlo. Se confecciona el segundo punto del revés y con la aguja de la izquierda se superpone el punto que se ha pasado sobre el que se ha elaborado dejándolo caer de la aguja.

### DOBLE SOBRE EL REVÉS

El primer punto de la aguja izquierda se pasa al revés y se elaboran al mismo tiempo del revés el segundo y el tercero, y se superpone el punto pasado sobre el elaborado.

# Punto baldío

El punto baldío aumenta el número de los puntos sobre la aguja. No es propiamente un aumento, ya que está compensado casi siempre por una disminución. Se usa generalmente para hacer puntos decorativos.

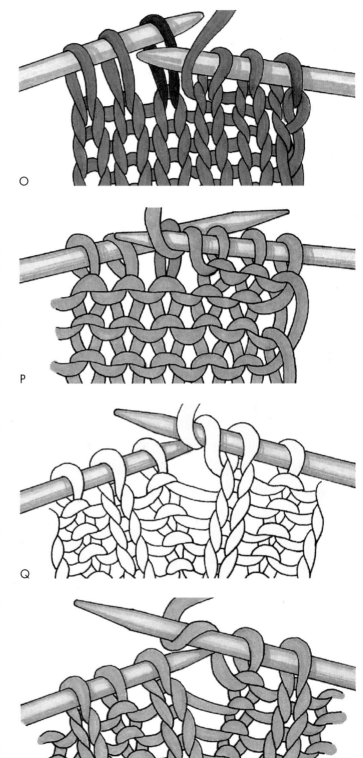

ENTRE DOS PUNTOS
DEL DERECHO
Se lleva el hilo desde atrás hacia delante de la elaboración, y después sobre la aguja; se continúa la elaboración del punto derecho. En la aguja de vuelta se elabora también el punto baldío (figura O).

O

ENTRE DOS PUNTOS DEL REVÉS
El hilo se enrolla sobre la aguja de la derecha y se pasa de delante hacia detrás, haciéndole dar un giro completo, y se elaboran con total normalidad los siguientes puntos al revés. En la aguja de vuelta se confecciona también el punto baldío (figura P).

P

ENTRE UN PUNTO
DEL DERECHO Y UN PUNTO
DEL REVÉS
Después de haber hecho el punto del derecho, se lleva el hilo hacia delante, se enrolla alrededor de la aguja, y se vuelve a llevar hacia delante. Se elabora el siguiente punto del revés como se hace normalmente (figura Q).

Q

ENTRE UN PUNTO DEL REVÉS
Y UN PUNTO DEL DERECHO
Después de haber elaborado el punto del revés, se lleva el hilo hacia detrás enrollándolo alrededor de la aguja y se elabora el siguiente punto del derecho con normalidad (figura R).

R

# EL PUNTO TUBULAR

El punto tubular es una técnica particular para empezar a hacer los primeros puntos; su característica principal es ofrecer como resultado una elaboración doble, es decir, formada por dos capas bien diferenciadas: precisamente por este motivo está indicado fundamentalmente para hacer bordes o cinturas (entre las dos capas se puede insertar con toda facilidad una goma o una cinta). Conviene practicar los puntos básicos antes de iniciarse en el punto tubular.

## Empezar con un hilo de color diferente

*1.ª pasada.* Con lana de un color que contraste con el que se está utilizando en la elaboración de la prenda, se empieza la mitad de los puntos que sean necesarios más 1, usando el método de empezar con un ojal y una aguja.

*2.ª pasada.* Con la lana que está sirviendo para realizar la prenda, se elabora un punto del derecho, y después se repite por toda la aguja * 1 punto baldío, 1 punto derecho * (figura A.1).

*3.ª y 5.ª pasadas.* Se repite por toda la aguja * 1 punto del derecho, se pasa el hilo hacia delante, y se pasa un punto del revés sin elaborarlo; se vuelve a llevar el hilo detrás * y se termina con un punto del derecho (figura A.2).

*4.ª y 6.ª pasadas.* Se pasa, sin elaborarlo, el punto que se presenta del revés, y después se repite por toda la aguja * 1 punto del derecho y 1 punto pasado del revés * (figura A.3).

*De la 7.ª pasada* en adelante, se prosigue con total normalidad el canalé 1/1 (es decir, 1 del derecho y 1 del revés). Si, en vez de elaborar el canalé 1/1, se desea elaborar el canalé 2/2, se puede hacer después de haber acabado los 4 o 6 giros de punto tubular. Al terminar el trabajo, deshilar el hilo de color diferente.

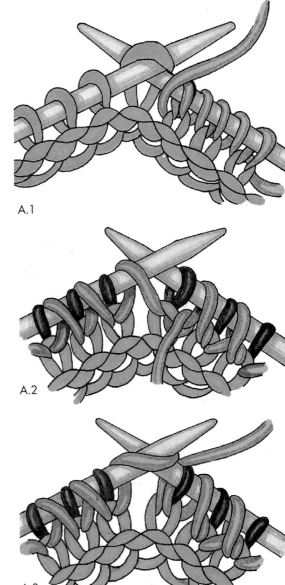

A.1

A.2

A.3

## Empezar con el mismo hilo usado para el trabajo

*1.ª pasada.* Con la mano derecha se aguanta el hilo, que debe ser tan largo como sea necesario para la pieza que se va a empezar a elaborar. Con la mano izquierda se sostiene el hilo del ovillo. Se forma un ojal sencillo y se mete en la aguja: he aquí el primer punto (figura B.1).

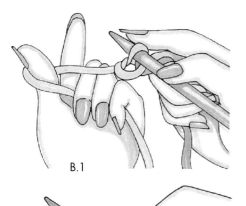

B.1

Con la mano izquierda, se lleva el hilo del ovillo sobre la aguja pasándolo de delante hacia detrás (figura B.2).

Con la mano derecha se lleva el otro hilo de detrás hacia delante haciéndolo pasar debajo de la aguja: así se obtiene el segundo punto (figura B.3).

Con la mano izquierda se lleva una vez más el hilo del ovillo por encima de la aguja desde delante hacia detrás (figura B.4).

Con la mano derecha se lleva el otro hilo desde delante hacia detrás haciéndolo pasar por debajo de la aguja: he aquí el tercer punto (figura B.5).

Así sucesivamente. Se empieza siempre con un número de puntos impar.

*2.ª y 4.ª pasadas.* Se repite por toda la aguja * 1 punto al de-recho; llevaremos el hilo delante, pasaremos un punto del revés sin elaborarlo, y volveremos a llevar el hilo detrás *; se termina la aguja con un punto al derecho.

*3.ª y 5.ª pasadas.* Pasaremos sin elaborar el punto que se presenta al revés, y después repetiremos por toda la aguja * 1 punto del derecho y 1 punto pasado del revés*.

Frecuentemente, además del punto inicial se realizan unos 4 o 6 puntos tubulares, para proseguir después con el canalé 1/1. Al final se tira del primer punto-ojal y se deshila el hilo con el que se había empezado.

Hay que conservar el hilo que se ha extraído para rematar la costura. Si se desea, se puede elaborar el canalé 2/2.

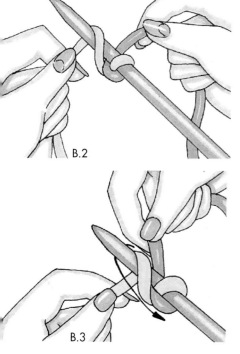

B.2

B.3

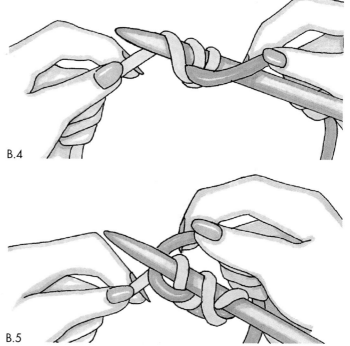

B.4

B.5

## Finalizar el punto tubular

El punto tubular requiere un método especial para finalizar la elaboración; es muy útil en el cierre de los bordes ya que servirá para retocar los cuellos y los bordes en general. Después de haber hecho un borde con la altura deseada, se hacen los últimos 4 giros en punto tubular y se pasa después al cierre, que explicamos a continuación. Nos detendremos en el procedimiento para finalizar el punto tubular con dos agujas, ya que así es más fácil de aprender.

Es necesaria una aguja de lana, con la punta redonda. Terminado el último punto tubular, cortaremos el hilo dejando una longitud proporcional al cierre que debamos hacer (normalmente, después de haber rellenado con los puntos todo el largo de la aguja, el hilo necesario es más o menos unas tres veces la medida de esa longitud). Al sacar las agujas de la elaboración, los puntos se dividirán automáticamente, los del revés a un lado y los del derecho a otro.

Enhebraremos una aguja en cada grupo; si se ha hecho el punto tubular con las agujas del número 3 y 1/2, aconsejamos usar un número más bajo, el 3, para enhebrar los dos grupos. Al guardar la elaboración notaremos que una aguja, la que está más cerca de nosotros, tiene todos los puntos del derecho, y la otra todos los puntos del revés.

1. Enhebraremos el hilo en la aguja; pasaremos la aguja en el primer punto sobre la aguja de

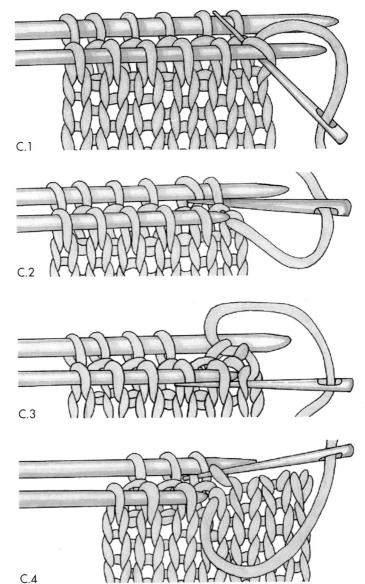

C.1

C.2

C.3

C.4

delante y lo dejaremos caer de la aguja (figura C.1).

2. Enhebraremos la aguja en el primer punto de la aguja de detrás dejando caer el punto de la aguja (figura C.2).

3. * Volveremos con la aguja sobre el punto de delante, entraremos desde el exterior en el primer punto y desde el in-

terior en el punto de al lado, dejándolo caer (figura C.3).

4. Volveremos con el punto de atrás, entraremos desde fuera del punto que acaba de caerse y saldremos del interior del punto sobre la aguja, dejándolo caer a su vez. * (figura C.4).

5. Repetir desde * hasta *.

# Los aumentos

Los aumentos sirven para añadir uno o más puntos a los ya existentes sobre la aguja y pueden ser externos, internos simples, simétricos y dobles.

## Aumentos externos

Normalmente, están formados por más de un punto y se añaden al principio o al final de la aguja. Para aumentar más puntos con este sistema, debemos proceder de la siguiente manera: al principio de la aguja, empezaremos de nuevo con el método sencillo para empezar a hacer punto, con el número de puntos que deseemos (figura A.1); al final de la aguja empezaremos de nuevo con el método de las dos agujas con el número de puntos que queramos (figura A.2).

## Aumentos internos simples

Son aumentos de un solo punto hechos en los primeros o los 2 o 3 últimos puntos de la aguja.

CON PUNTOS BALDÍOS
Se añaden en el derecho o en el revés. Pasaremos el hilo a la aguja derecha y proseguiremos. En la aguja de vuelta elaboraremos el punto baldío como en las otras (figura B).

INTERCALADO
Se añade en el derecho o en el revés. Levantaremos con la aguja derecha el hilo horizontal que une los dos puntos, lo meteremos en la aguja izquierda y lo elaboraremos retorcido (figura C).

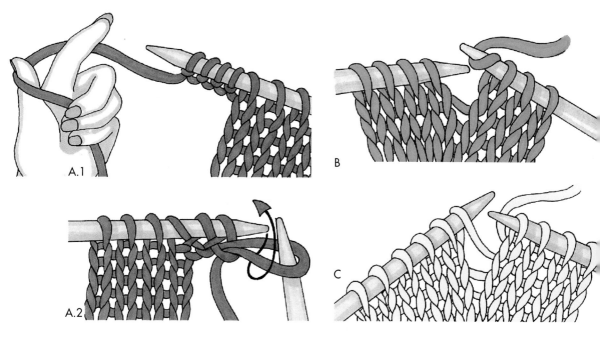

A.1

B

A.2

C

### BORDADO DE BOLILLAS

Elaboraremos normalmente un punto del derecho y después, sin dejarlo caer de la aguja, llevaremos el hilo hacia delante y elaboraremos nuevamente el mismo punto, pero esta vez del revés. Volveremos a llevar el hilo hacia detrás y terminaremos de rellenar la aguja con los puntos.

### REANUDADO

Podemos añadirlo ya sea al derecho o al revés. Retomaremos con la aguja derecha el punto de abajo del que tenemos que elaborar (es decir, el punto elaborado en la aguja precedente, figura D.1), lo meteremos sobre la aguja izquierda y lo elaboraremos con total normalidad. Haremos el punto que ya está sobre la aguja y proseguiremos con regularidad (figura D.2).

### SIMPLE

Sólo se añade sobre un punto al derecho, elaborándolo en dos vueltas, la segunda retorcido (figura E).

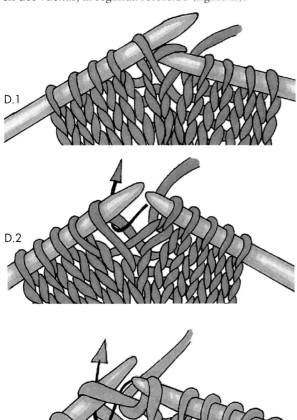

D.1

D.2

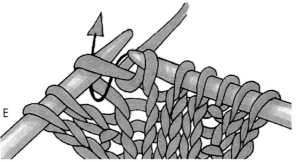

E

## Aumentos internos simétricos

Son aumentos internos de un solo punto que se repiten. Para obtener un motivo decorativo debemos efectuar el aumento siempre en el interior del mismo número de puntos y usando siempre la misma técnica. Los añadiremos al leer: «aumentar cada 2 puntos por x vueltas».

### CON PUNTOS BALDÍOS

Seguiremos un punto baldío después del tercer punto y antes del antepenúltimo punto de la aguja. En la aguja de vuelta elaboraremos con total normalidad todos los puntos.

### INTERCALADO

Seguiremos las indicaciones del aumento simple intercalado; elevaremos siempre el hilo horizontal que se encuentra después del tercer punto y después del cuarto y último punto de la aguja.

### BORDADO DE BOLILLAS

Su ejecución es la indicada para hacer el aumento simple intercalado. Para obtener la simetría seguiremos siempre el aumento sobre el mismo punto, por ejemplo: sobre el tercer punto de la aguja elaborándolo antes del derecho y después del revés.

### REANUDADO

También en este caso hay que seguir las explicaciones relativas al aumento interno simple reanudado. Obtendremos la simetría retomando el aumento siempre sobre el mismo punto; por ejemplo, siempre bajo el tercer punto y bajo el antepenúltimo punto de la pasada precedente a la que estábamos elaborando.

### SIMPLE

Se puede añadir sobre el tercer o sobre el cuarto punto antes de llegar al final de la aguja, según las indicaciones que se han dado para realizar el aumento interno simple.

# Aumentos internos dobles

En el aumento doble los puntos que se tienen que aumentar son dos. Para simplificar la ejecución de estos aumentos, aconsejamos señalar con un hilo de color diferente el punto central; el aumento puede ser efectuado antes o después de este punto, o con algunos puntos de distancia. El punto que ha sido señalado funcionará como eje central y se le llamará «punto-eje». También en este caso, podemos elegir entre diferentes tipos de aumento.

### CON PUNTOS BALDÍOS
Realizaremos un punto baldío antes y después del punto-eje. En la aguja de vuelta elaboraremos con total normalidad todos los puntos, comprendidos los dos baldíos (figura F).

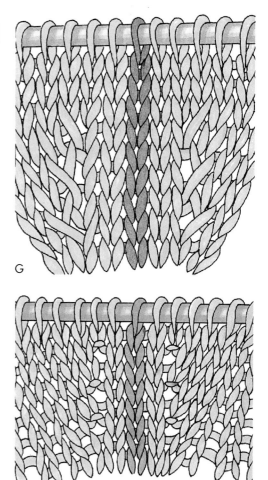

F

### INTERCALADO
Con la aguja izquierda elevaremos el hilo horizontal hacia la derecha del punto-eje; trabajaremos este hilo desde detrás (de manera que resulte retorcido) y elaboraremos el punto-eje. Con la aguja izquierda elevaremos el hilo horizontal hacia la izquierda del punto-eje y lo elaboraremos retomándolo desde detrás.

### BORDADO DE BOLILLAS
Elaborar los tres puntos del aumento como se indica a continuación: el primer punto del derecho y del revés; el segundo (es decir, el punto-eje) del derecho, el tercero del derecho y del revés. Para repe-

tir el aumento, deberemos elaborarlo de la misma manera manteniendo fijo el punto-eje.

### REANUDADO
Elaboraremos un punto del derecho sosteniendo la aguja izquierda en el punto de abajo del punto-eje; haremos el punto-eje del derecho y retorcido, y además un punto del derecho sosteniendo la aguja izquierda siempre en el punto de abajo del punto-eje. (figura G).

### SIMPLE
Haremos el punto que precede al punto-eje, del derecho y del derecho retorcido; así el punto-eje del derecho estará, al final, elaborado del derecho y el punto que sigue al punto-eje estará del derecho retorcido (figura H).

G

H

# Las disminuciones

Disminuir (o bajar) un punto significa eliminarlo de la aguja de elaboración; la disminución puede efectuarse a través de diferentes técnicas, que explicaremos a continuación. Las disminuciones pueden ser externas, internas simples, simétricas o dobles.

## Disminuciones externas

Son generalmente disminuciones de bastantes puntos y normalmente se realizan al principio o al final de la aguja. Las disminuciones externas se realizan intercalando con cuidado el número de puntos requerido.

## Disminuciones internas simples

Se trata de disminuciones de un solo punto y se realizan en el transcurso de la aguja, no importa en qué posición, aunque es preferible que sea en el lado derecho de la elaboración.

ESTRECHO DEL DERECHO
Elaboraremos 2 puntos iguales del derecho (figura A).

ESTRECHO DEL REVÉS
Elaboraremos 2 puntos iguales del revés (figura B).

SUPERPOSICIÓN SIMPLE
Pasaremos, pero sin elaborarlo, un punto (figura C.1), y elaboraremos el punto siguiente; entonces superpondremos el punto que se había pasado sobre el que se ha elaborado (figura C.2).

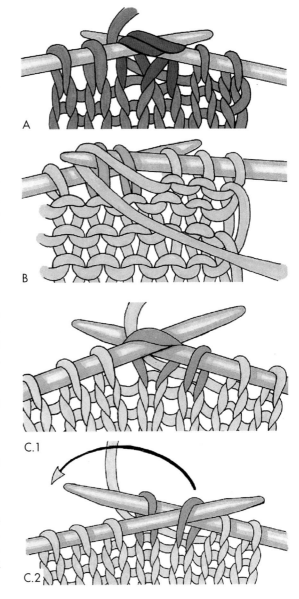

A

B

C.1

C.2

## Disminuciones internas simétricas

Son disminuciones internas de un solo punto que se repiten más de una vez. El resultado es un motivo decorativo.

Debemos efectuar la disminución siempre en el interior, del mismo número de puntos y usando siempre la misma técnica.

Seguiremos las disminuciones internas simétricas cuando en la explicación esté indicado así: «disminuir cada 2 puntos durante x veces».

CON INCLINACIÓN HACIA LA IZQUIERDA SOBRE EL DERECHO DE LA LABOR

Elaboraremos los primeros 2 o 3 puntos de la aguja, que serán siempre del mismo número, pasaremos 1 punto sobre la aguja derecha sin elaborarlo, haremos el siguiente punto del derecho y después superpondremos el punto que se había pasado sobre el siguiente (figura D).

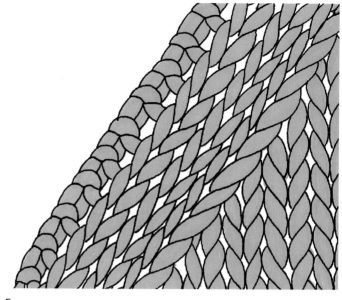

E

CON INCLINACIÓN HACIA LA DERECHA SOBRE EL DERECHO DE LA LABOR

Elaboraremos a la vez el tercer y el cuarto punto antes de llegar al final.

Después haremos del derecho los últimos 2 o 3 puntos del borde (figura E).

CON INCLINACIÓN HACIA LA IZQUIERDA SOBRE EL DERECHO DE LA LABOR, REALIZADO DEL REVÉS

Al llegar al cuarto punto antes del final de la aguja, meteremos el punto sobre la aguja de la izquierda y sobre esta superpondremos el punto de al lado (siempre sobre la aguja izquierda). Pasaremos el punto sobre la aguja derecha y lo terminaremos (figura F).

CON INCLINACIÓN HACIA LA DERECHA SOBRE EL DERECHO DE LA LABOR, REALIZADO DEL REVÉS

Elaboraremos el tercer y el cuarto punto de la aguja, y seguiremos (figura G).

CON MOTIVO À JOUR E INCLINACIÓN HACIA LA IZQUIERDA

Son disminuciones particularmente decorativas que se realizan del revés en la labor. Formaremos un punto baldío antes de los últimos 5 puntos de la

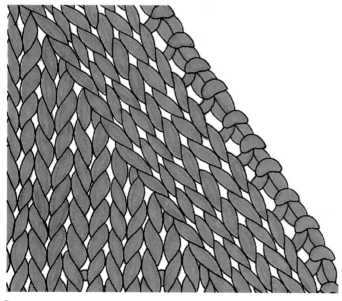

D

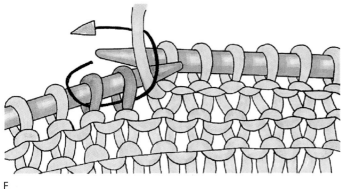

F

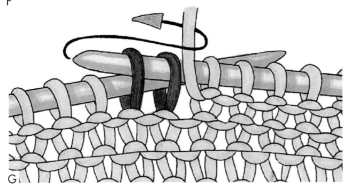

G

aguja; realizaremos 1 punto superpuesto doble: pasaremos 1 punto del revés, de la aguja izquierda hacia la aguja derecha, elaboraremos los 2 siguientes puntos del revés, superpondremos el punto pasado sobre el punto obtenido cerrando a la vez los dos puntos, y haremos 2 puntos del revés.

### CON MOTIVO *À JOUR* E INCLINACIÓN HACIA LA DERECHA

Son disminuciones que se realizan sobre el derecho de la labor. Realizaremos la disminución de unos 2 o 3 puntos por lo menos, en el interior de la labor.

Elaboraremos los puntos que se presentan antes de llegar a los puntos de los bordes de la siguiente manera: 1 punto baldío, 1 superpuesto doble, es decir, pasando 1 punto del derecho, de la aguja iz-

quierda a la de la derecha, elaborando a la vez del derecho los 2 puntos siguientes, y superponiendo el punto que se había pasado sobre el punto obtenido cerrando los dos puntos a la vez. Terminaremos de rellenar la aguja.

## Disminuciones internas dobles

Hay que bajar dos puntos.

Para simplificar, señalar con hilo de color diferente el punto central (antes y después del cual se realizará la disminución.

### CON INCLINACIÓN HACIA LA IZQUIERDA SOBRE EL DERECHO DE LA LABOR

Elaboraremos 3 puntos de la misma manera, del derecho tomándolos desde detrás y los dejaremos caer todos de la aguja izquierda.

### CON INCLINACIÓN HACIA LA DERECHA SOBRE EL DERECHO DE LA LABOR

Realizaremos 3 puntos iguales, sosteniendo la aguja derecha sobre el tercer punto, después en el segundo y finalmente en el primero. Los dejaremos caer de la aguja izquierda.

### CON BORDE CENTRAL

Pasaremos 2 puntos iguales del derecho, elaboraremos el siguiente punto del derecho, y por último, superpondremos los dos puntos pasados anteriormente sobre el elaborado.

### CON INCLINACIÓN HACIA LA IZQUIERDA SOBRE EL DERECHO DE LA LABOR, REALIZADA DEL REVÉS

Elaboraremos 2 puntos del revés, volveremos a pasar sobre la aguja izquierda el punto obtenido (que es el punto-eje) y le superpondremos (de izquierda a derecha) el segundo punto siempre desde la aguja izquierda. Entonces, volveremos a meter el punto-eje sobre la aguja derecha.

### CON INCLINACIÓN HACIA LA DERECHA SOBRE EL DERECHO DE LA LABOR, REALIZADA DEL REVÉS

Pasaremos del revés 1 punto desde la aguja izquierda hasta la de la derecha, elaboraremos el punto-eje, y entonces pasaremos 1 punto del derecho para retomarlo desde detrás con la aguja izquierda de modo que se obtenga un punto retorcido. Volveremos a meter el punto-eje sobre la aguja izquierda y sobre este superpondremos el punto retorcido. Con el punto-eje sobre la aguja de la derecha, superpondremos el primer punto pasado.

# LOS BORDES DE LOS TEJIDOS

Los bordes en las labores de punto corresponden al punto inicial y al punto final de la aguja. Es importante que la prenda tenga los bordes laterales bien realizados; esto nos permitirá coser a la vez las diferentes piezas con más facilidad. Veamos cuáles son los diferentes tipos de bordes.

### UNIDO
Elaboraremos siempre del derecho el primer y el último punto de cada aguja, ya sea el punto del derecho o del revés (figura A).

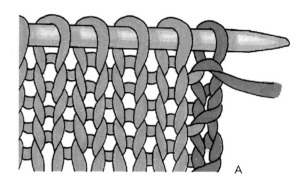

A

### CADENETA
Sobre la parte derecha de la labor, pasaremos el primer punto del derecho sin elaborarlo, y entonces haremos del derecho todos los otros puntos. En el revés de la prenda que estamos elaborando, pasaremos el primer punto del revés sin elaborarlo y elaboraremos también del revés todos los demás (figura B).

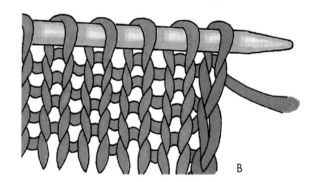

B

### SIMPLE
Realizaremos el primer y el último punto tal y como se presenten, del derecho en el derecho, del revés en el revés (figura C).

### DOBLE
Sobre el derecho de la labor realizaremos el borde doble sobre los 3 primeros puntos de la aguja: 2 puntos del derecho y 1 punto del revés. Terminaremos la aguja realizando los 3 últimos puntos de la siguiente forma: 1 punto del revés y 2 puntos del derecho. Sobre el revés haremos los puntos tal y como se presenten. Este tipo de borde evita que se enrollen los bordes laterales, especialmente en el punto alisado.

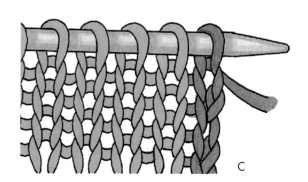

C

# LA REANUDACIÓN DE LOS PUNTOS

Reanudar los puntos significa formar de nuevo los lados de una prenda que ya se ha terminado, para elaborarlos en sentido opuesto.

La reanudación se utiliza para efectuar algunos retoques, como los bordes de los cuellos, los bolsillos, etc., donde los puntos han sido cerrados, o donde sea necesario retocar los bordes, como por ejemplo en las hendiduras laterales.

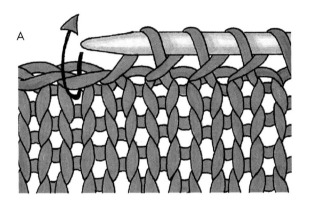

A TRAVÉS DEL ENLACE CON LA AGUJA
Procederemos desde la derecha hacia la izquierda. Entraremos con la aguja en cada cadeneta formada desde el enlace de los puntos tomando solamente el hilo situado delante (figura A).

A TRAVÉS DEL ENLACE CON LA AGUJA
DE GANCHILLO
Empezaremos desde la derecha hacia la izquierda, teniendo la aguja bajo la axila derecha y dejando el hilo en la parte de detrás de la labor; sostendremos la aguja de hacer ganchillo en el centro de cada cadeneta formada, desde el enlace de los puntos y extraeremos el hilo (figura B) obteniendo un ojal que pasaremos sobre la aguja.

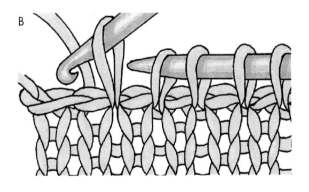

A TRAVÉS DEL MARGEN CON LA AGUJA
DE GANCHILLO
Procederemos desde la derecha hacia la izquierda con la aguja debajo de la axila y el hilo en la parte de detrás de la prenda; entonces sostendremos la aguja de ganchillo en el espacio que hay entre el punto del borde y el punto que le precede y extraeremos el hilo obteniendo un ojal que pasaremos sobre la aguja (figura C).

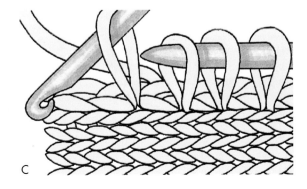

# LOS ELÁSTICOS

Los elásticos pertenecen a la serie de acabados que se realizan en una prenda. Los puntos preferidos para realizar los elásticos (en los bordes, en los puños, en los escotes, en los cierres o en las aberturas de los bolsillos) son el canalé, ya sea 1/1 o 2/2, el punto de arroz y el punto unido. Es necesario prestar mucha atención al punto que vaya a elegirse para hacer estos elásticos, porque al ser externos (y por lo tanto muy visibles) deben estar bien tensados para que no se deshagan y deben ser elásticos pero no demasiado tirantes.

Los elásticos se dividen en dos grandes categorías: los que se elaboran al mismo tiempo que se hace la prenda (elásticos incorporadas) y los que se elaboran posteriormente (elásticos retomados y separados).

## Elásticos incorporados

Realizaremos el elástico horizontal con la altura deseada. Para el vertical calcularemos el número de puntos equivalente a la altura del horizontal y, mientras el resto de la labor se hace con punto alisado o con el punto escogido, estos puntos se realizan con el mismo punto del elástico horizontal.

### PUNTO UNIDO
Elaboraremos los primeros 6 u 8 puntos (según el grosor de la lana y del número de agujas que se esté usando) siempre con punto unido: es mejor utilizar este tipo de punto, elaborando todos los puntos del revés. Existen diferentes variedades:

### PUNTO DE ARROZ
Confeccionaremos los primeros 7 a 9 puntos de la aguja con punto de arroz; este se hace elaborando sobre la primera aguja 1 punto del derecho y 1 del revés, y sobre la segunda aguja elaborando los puntos de forma contraria a como se presenten (los derechos del revés y los del revés, del derecho).

### CANALÉ 1/1 O 2/2
Elaboraremos los primeros 6 u 8 puntos de la aguja con canalé 1/1 o 2/2, realizando el primer punto en la parte derecha de la labor y del derecho. El último punto obviamente será del revés.

La sugerencia que se hace sobre el número de puntos con los que se debe realizar el

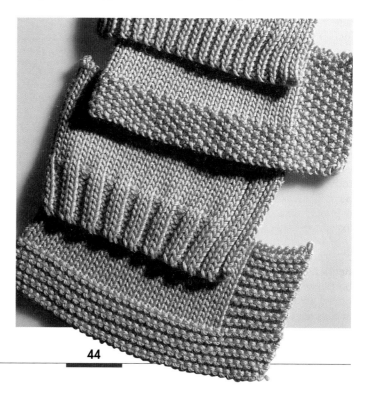

elástico es aproximada, sirve para obtener los elásticos normales con las que se terminan las prendas; el número puede ser claramente modificado en función de la altura y también de la importancia que se le quiera dar al elástico.

## Elásticos retomados

Son aquellos que se retoman en los bordes que se tienen que retocar (en la fotografía, los elásticos de la derecha y los de la izquierda son incorporados), elaborados en sentido opuesto al de la prenda (para reanudar los puntos, véase el capítulo *La reanudación de los puntos*, pág. 43).

PUNTO UNIDO
Retomaremos los puntos del borde de la prenda y los elaboraremos con el punto unido dándoles la altura deseada. Cerraremos los puntos.

PUNTO DE ARROZ
Retomaremos los puntos de los bordes y los elaboraremos con el punto de arroz. Enlazaremos los puntos a través de la superposición.

CANALÉ 1/1 o 2/2
Tras retomar los puntos de los bordes de la prenda, los elaboraremos con canalés 1/1 o 2/2 y los cerraremos enlazándolos; todavía mejor, después de haber confeccionado los últimos 4 puntos con punto tubular, los cerraremos con la aguja.

PUNTO TUBULAR
Retomaremos los puntos de los bordes de la prenda y los elaboraremos con punto tubular hasta el número de puntos que co-

rresponda, según la altura de la franja; a continuación cerraremos los puntos con la aguja.

## Elásticos separados

Utilizaremos tantos puntos como sean necesarios para hacer una tira capaz de retocar la parte interesada. Cerraremos los puntos y aplicaremos el elástico mediante pequeños puntos que estén escondidos. Otra alternativa es hacer el elástico con la longitud necesaria para hacer el retoque. Una vez conseguida la altura necesaria, realizaremos 3 puntos con punto alisado, con un hilo de color diferente, y deshilarcmos los puntos de la aguja sin enlazarlos. Después de haberle dado una cierta longitud al elástico lo hilvanaremos a la prenda, dejando los puntos hechos con el punto alisado hacia el interior. Con el mismo hilo que hayamos utilizado para confeccionar el elástico, empezaremos a hil-

vanarlo a la prenda. El método más eficaz es realizar la costura con el punto hacia detrás o pespunte (figura A); el pespunte se aplica hasta llegar al último giro, efectuado antes de los 3 puntos de otro color como se indica a continuación:

1. meteremos la aguja en el primer punto, y la sacaremos por el centro del segundo;
2. continuaremos, introduciendo la aguja en el centro del primer punto y sacándola por el centro del tercer punto;
3. introduciremos la aguja en el centro del segundo punto.

Continuaremos así sucesivamente.

# LOS OJALES

Cualquiera que sea el tipo de ojal que queramos realizar, es preferible realizarlo durante la elaboración. Aconsejamos, además, realizar primero la parte vacía de los ojales, y a partir de esta verificar cuántos ojales serán necesarios, y qué distancia debe dejarse entre ellos (normalmente se deja la misma distancia entre ojal y ojal; en nuestro caso, dejaremos como distancia los mismos puntos). De este modo será posible comprobar que los ojales estén puestos en su lugar correspondiente. También será necesario saber qué botones se van a poner en esos ojales, para que estos tengan las dimensiones precisas.

Para obtener un mejor acabado, se aconseja realizar con la aguja alrededor del ojal el punto festón (figura A).

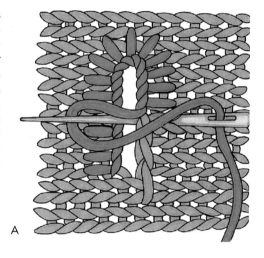

A

## OJAL VERTICAL

Durante la elaboración, en el punto en el que queramos hacer el ojal, dividiremos los puntos en dos partes. Realizaremos la primera parte correspondiente al número de puntos de la altura del ojal y después la dejaremos en espera (figura B.1). Elaboraremos la segunda parte de los puntos con otras tantas pasadas y retomaremos la labor sobre todos los puntos a la vez (figura B.2).

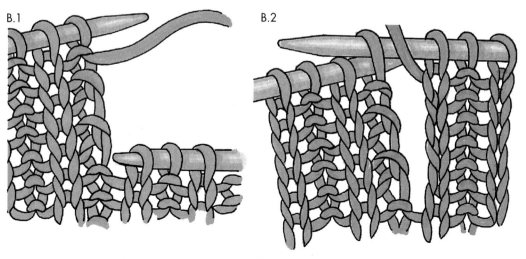

B.1

B.2

## Ojal horizontal en dos agujas

Enlazaremos, en el punto establecido para realizar el ojal, el número de puntos necesarios (en función de las dimensiones del botón) y terminaremos de rellenar la aguja (figura C.1).

En la aguja de vuelta, como correspondencia de los puntos enlazados para el ojal, empezaremos de nuevo con el mismo número de puntos (figura C.2).

## Ojal horizontal en una sola aguja

En el punto establecido para la realización del ojal, enlazaremos los puntos necesarios utilizando la aguja de ganchillo (figura D.1).

Pasaremos el último punto por la aguja de ganchillo sobre la aguja de la izquierda y, utilizando el hilo del ovillo, empezaremos de nuevo sobre la aguja de la derecha el número de puntos enlazados (figura D.2). Elaboraremos con total normalidad el resto de los puntos.

## Ojal simple

En el punto establecido para el ojal, elaboraremos 1 punto baldío y 2 puntos iguales.

En la aguja de vuelta, haremos los puntos con regularidad; el punto baldío formará un pequeño ojal. El ojal simple se utiliza sobre todo para las prendas de los recién nacidos.

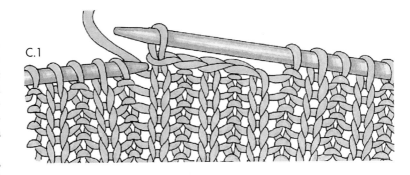

C.1

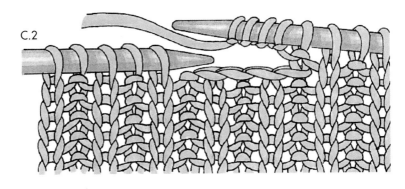

C.2

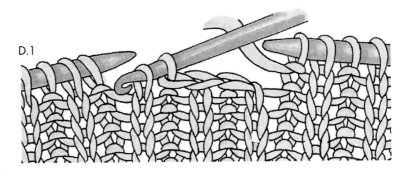

D.1

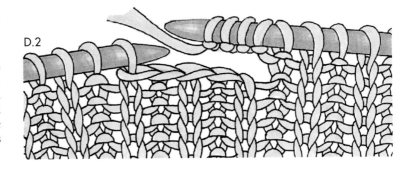

D.2

# LAS ORLAS

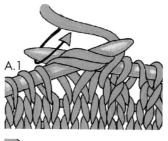

A.1

A.2

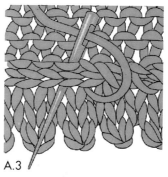

A.3

### ORLA SIMPLE

Confeccionaremos la altura de la orla con punto alisado. Haremos 1 punto del revés sobre la parte derecha de la pieza y seguiremos con el punto deseado. Al terminar la prenda, doblaremos la orla a través de la aguja y coseremos con pequeños puntos que no se vean.

### ORLA VERTICAL

Después de haber establecido la longitud de la orla, señalaremos el punto que se corresponde con el pliegue. Elaboraremos los puntos del borde con punto alisado, pasaremos sin elaborarlo el punto del pliegue y haremos los otros puntos con el tipo de punto deseado. Al terminar la labor, plegaremos la orla y la fijaremos sobre el revés con puntos que no se vean.

### ORLA CON CANALÉ (1/1)

Confeccionaremos todos los puntos con el canalé 1/1, dándole a la prenda una altura que será el doble con respecto a la que se deseaba para la orla, teniendo en cuenta que hay que hacer los últimos 3 o 4 puntos con punto alisado y un hilo de color diferente al que estamos utilizando. Al terminar la labor, plegaremos la orla en dos veces sobre la parte del revés y, des-

pués de haber estirado el borde para fijar mejor los puntos, desharemos las rayas del hilo de diferente color y coseremos con el punto por detrás.

### ORLA DE DIENTE DE GATO

Hechos los puntos necesarios, realizaremos algunos con punto alisado (en función de la altura de la orla), y seguiremos: * 2 puntos iguales del derecho (figura A.1), 1 baldío (figura A.2)*. En la aguja de vuelta, haremos al revés. Tejeremos con punto alisado hasta una altura paralela a la de la orla; después seguiremos con el punto deseado. Al terminar la

labor, plegaremos la orla, revés contra revés, por toda la línea de agujeritos (que han resultado del punto baldío) y la fijaremos con puntos que no sean visibles (figura A.3).

### ORLA CON ÁNGULO

Está formada por una orla simple y por una orla vertical. Empezaremos tantos puntos como sean necesarios para la realización de la prenda y los elaboraremos con punto alisado en función de la altura deseada. Tejeremos 1 punto del revés sobre el derecho de la labor y seguiremos con el punto elegido. Al llegar a la altura deseada para la orla simple, empezaremos de nuevo, desde la parte en la que queramos crear la orla vertical, con tantos puntos como sean necesarios para elaborarla. El primero de estos puntos tendrá que ser pasado sin elaborarse, y los otros que estén destinados a formar parte del borde vertical se elaborarán con punto alisado. Al terminar la prenda, plegaremos la orla simple sobre el revés y la coseremos con pequeños pespuntes; plegaremos, siempre hacia el interior, la orla vertical y la fijaremos con puntos que no se vean. Las orlas con ángulo sirven casi exclusivamente para la confección de chaquetas.

# LOS BOLSILLOS

Los bolsillos son normalmente un complemento útil e incluso, en algunos casos, llegan a ser un motivo decorativo, adecuado para darle un toque particular a la prenda. Los bolsillos pueden ser aplicados, insertados o cortados.

## BOLSILLO APLICADO

Seguramente, es el más sencillo de hacer. Se elabora aparte y tendrá la forma y las dimensiones que le queramos dar (es aconsejable que los más inexpertos tengan un modelo hecho de papel que les sirva de guía).

Una vez terminado, el bolsillo se aplica sobre la prenda con pequeños pespuntes que no se vean (figura A).

Es preferible que el bolsillo se elabore con mucho cuidado; en otras palabras, que tenga los puntos regulares, y los bordes bien tensos, y que sea retocado en la parte superior con una franja (canalés 1/1, 2/2, punto unido, punto de arroz).

Es posible, como otra alternativa, acabarlo con un giro de punto menguante (para la realización del punto menguante, véase el modelo *Cárdigan de lana fantasía*, pág. 72), con espiguitas que podemos adquirir en la mercería o con los bordados que queramos hacer.

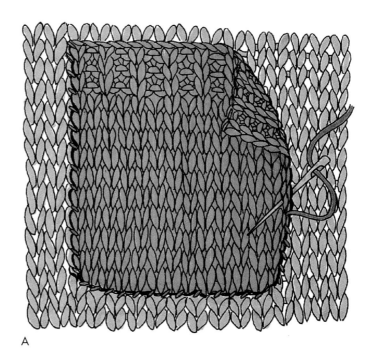

A

## BOLSILLO HORIZONTAL INSERTADO

Estableceremos a qué altura queremos que quede fijado el bolsillo. Unos dos centímetros por debajo del punto establecido, tejeremos todos los puntos destinados a la abertura del bolsillo con un punto adecuado para crear un elástico (generalmente se prefieren los canalés, el punto unido, el punto de arroz). Terminado el elástico, enlazaremos los puntos de la abertura, terminaremos de rellenar la aguja y dejaremos suspendidos todos los puntos (figura B.1).

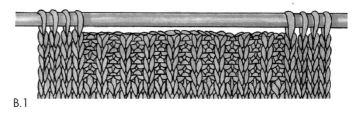

B.1

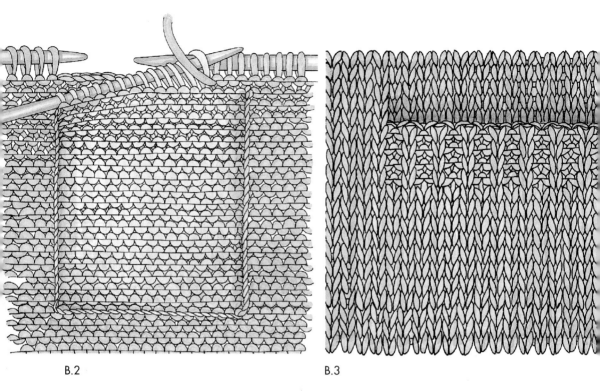

B.2                                    B.3

Para hacer la parte posterior del bolsillo, empezaremos a tejer por separado tantos puntos como sean necesarios para enlazar más 4, y elaboraremos con punto alisado tantos puntos como queramos que tenga de profundidad el bolsillo.

Entrelazaremos a los lados 2 puntos para cada parte y pondremos la parte posterior del bolsillo en el lugar adecuado de la prenda, en correspondencia con los puntos entrelazados (figura B.2). Retomaremos la elaboración de todos los puntos, comprendidos obviamente los de la parte posterior del bolsillo.

Al fijar la parte posterior sobre el revés, habremos acabado (figura B.3).

### BOLSILLO VERTICAL INSERTADO

Lo primero es establecer dónde vamos a poner el bolsillo. En el punto establecido para su abertura, dividiremos el trabajo en dos partes y seguiremos sobre la parte anterior del bolsillo elaborando tantos puntos como sea necesario según la altura del bolsillo, tejiendo los 6-8 puntos de borde del punto elegido. Dejaremos suspendidos estos puntos. Retomaremos la elaboración de la parte dejada en suspenso. Empezaremos los nuevos números de puntos que se necesiten para formar la parte posterior del bolsillo que serán iguales a la parte que anteriormente se ha dejado en suspenso, respetando la altura posterior del bolsillo. En este momento, cerraremos los puntos que se habían empezado para formar la parte posterior del bolsillo.

Seguidamente, retomaremos la elaboración de los puntos de la parte anterior y a continuación la de los puntos de la parte posterior.

Una vez terminada la prenda, coseremos con pequeños pespuntes los tres lados de la parte posterior del bolsillo que han quedado libres.

### BOLSILLO CORTADO

Este bolsillo se hace cuando la prenda ya se ha terminado. Señalaremos con un hilo de color diferente el punto donde queramos colocar el bolsillo y el tamaño deseado. Cortaremos entonces el punto central de los que se han señalado y deshilaremos los puntos de los lados de este hasta conseguir la abertura deseada. Fijaremos los últimos 2 puntos laterales, y entonces meteremos en una aguja los puntos inferiores deshilados y en otra aguja, los puntos deshilados superiores. Elaboraremos los primeros durante un par de centímetros con un punto adecuado para crear una franja, y los otros con un punto alisado durante 10-12 cm, creando así la parte posterior del bolsillo.

# LOS ESCOTES

Los escotes más utilizados son los que terminan en pico, redondos, cuadrados y de polo. Normalmente se realizan en la parte delantera de la prenda, pero el procedimiento es idéntico si en algunos modelos concretos hubiese que ponerlos detrás. Cuando los escotes van en la parte de delante, para cerrar la parte de detrás se enlazan todos los puntos.

## ESCOTE DE PICO

El escote de pico normalmente se empieza a la altura de las sisas de la manga, dejando suspendido el punto central y elaborando cada parte por separado. Proseguiremos disminuyendo 1 punto cada 2 o 3 puntos en la aguja. Para obtener una prenda bien acabada es aconsejable que se sigan estas disminuciones en el interior de los 2 primeros puntos, que deberán ser elaborados con punto alisado. Al terminar las disminuciones podemos seguir con los puntos del derecho (sin hacer disminuciones) hasta llegar a la altura de la espalda, y entrelazar entonces los puntos que queden. Las dos partes del escote pueden hacerse a la vez o por separado. Para los inexpertos, es más seguro que hacer las dos partes del escote a la vez; así las disminuciones serán simétricas.

Para retocar el escote de pico con un *elástico suelto* empezaremos con el método del punto tubular, durante tantos puntos como sean necesarios para hacer una tira capaz de «pulir» todo el escote, incluida la parte de atrás, y lo elaboraremos con canalé 1/1, como se indica a continuación: señalaremos el punto central con un hilo de color diferente al que estamos utilizando para hacer la prenda, y en la aguja de ida elaboraremos del derecho retorcido los 2 puntos que preceden al punto central, del derecho este y estrecho derecho los 2 puntos que vienen a continuación (véase el capítulo *Algunas técnicas concretas,* pág. 29). En la aguja de vuelta, elaboraremos del revés

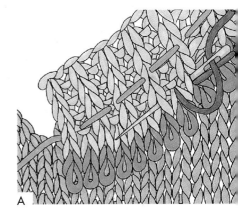

A

los 2 puntos que preceden al punto central, del revés el punto central, y entonces continuaremos con 1 punto superpuesto simple sobre los 2 puntos siguientes (pasaremos del revés el primer punto, elaboraremos del revés el punto siguiente y superpondremos el punto que se había pasado sobre el que se ha elaborado).

Una vez hecha la altura deseada para el elástico, entrelazaremos con cuidado todos los puntos, o la coseremos con punto que no se vea (véase el capítulo *Los elásticos*, pág. 44). Después de haber realizado el elástico, la uniremos en algún punto de atrás del escote, dejando los dos extremos en correspondencia con la punta (figura A), doblaremos del revés las partes que sobren y las

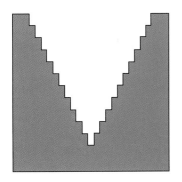

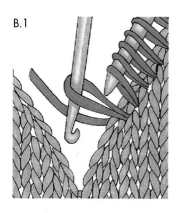

B.1

te de la espalda que ha quedado abierta con la pieza de detrás en la que no se habían recogido los puntos.

ESCOTE REDONDO
Decidida la profundidad y la longitud del escote redondo, podemos enlazar o dejar en espera (según el tipo de elástico) en el centro de la aguja, más o menos la mitad de los

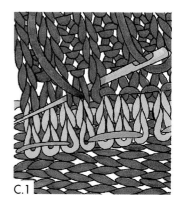

C.1

B.2

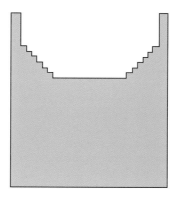

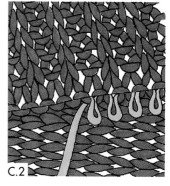

C.2

fijaremos con puntos que no se vean.

Para terminar el escote de pico con un *elástico retomado*, después de haber cosido una sola parte de la espalda retomaremos los puntos de alrededor del escote, recogeremos primero los puntos de detrás que formarán la otra mitad del escote; recogeremos después el punto central que podemos señalar con un hilo de un color diferente; por último, los puntos de la otra mitad del escote (figura B.1). Para las disminuciones del punto central procederemos del mismo modo que para hacer la franja suelta. Elaboraremos dos agujas llenas de puntos tubulares (sin hacer disminuciones sobre el punto central), y cerraremos los puntos (figura B.2). Coseremos la par-

puntos destinados para el escote; continuaremos por separado en los dos lados, disminuyendo, sobre la parte derecha de la prenda, 1 punto cada 2 agujas, hasta agotar los puntos destinados para el escote. Aconsejamos seguir con las disminuciones internas de 2 o 3 puntos que serán elaboradas con punto alisado: esto creará una franja decorativa. Como ya se ha dicho para el escote de pico, es preferible elaborar las dos partes al mismo tiempo para obtener la máxima simetría. Una vez disminuidos todos los puntos previstos para el escote, continuaremos del derecho (sin disminuir) hasta llegar a los hombros.

Para acabar el escote redondo con un *elástico suelto*,

empezaremos con el método del punto tubular, tantos puntos como sean necesarios y los elaboraremos con canalé 1/1 o 2/2. Una vez adquirida la altura deseada, continuaremos durante las tres últimas pasadas de aguja con punto alisado de un hilo de color diferente y, tras haber estirado un poco el elástico, lo hilvanaremos sobre el escote de modo que la parte confeccionada con punto alisado quede hacia el interior del escote (figura C.1); lo fijaremos durante la última pasada de aguja, y desharemos los giros de color diferente (figura C.2).

Para acabar el escote redondo con un *elástico retomado*, después de haber cosido una parte de los hombros, retomaremos los puntos del escote (fi-

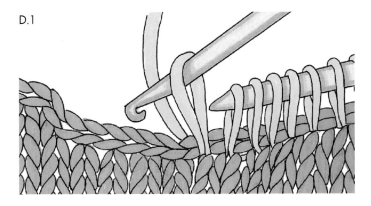

D.1

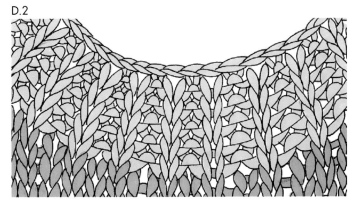

D.2

mos del derecho el punto siguiente y superpondremos sobre este los 2 puntos que se han pasado, dejándolos caer de la aguja (figura E.2). Como alternativa, si tenemos alguna duda sobre su realización, es mejor usar el método del elástico incorporado, tal y como se explica a continuación.

Para terminar el escote cuadrado con un *elástico incorporado*, este se realizará al mismo tiempo que se vaya haciendo la prenda. A unos 2 o 3 cm del escote elaboraremos los puntos centrales que estén establecidos, más 4 o 6 puntos a cada lado, con el punto elegido para hacer el elástico (los puntos más aconsejables son el punto unido, el punto de arroz o las trenzas pequeñitas; para la elaboración de las trenzas, se recomienda prestar mucha atención al capítulo

gura D.1) empezando por la parte del hombro que todavía está abierta, teniendo cuidado de dejar en la parte de detrás tantos puntos como tengan que ser todavía cosidos; los elaboraremos como deseemos y para la altura requerida, y a continuación realizaremos las últimas 4 vueltas con punto tubular y cerraremos (figura D.2).

## ESCOTE CUADRADO
Dejaremos en espera tantos puntos como sea de largo el escote y continuaremos por separado las dos partes de los hombros enlazando las agujas.

Para acabar el escote cuadrado con un *elástico retomado* es necesario usar un juego de cuatro agujas que tengan dos puntas. Después de haber recogido los puntos de cada

giro en correspondencia con el punto eje (uno para cada uno de los cuatro ángulos del escote), disminuiremos un punto antes y un punto después del punto eje como se indica a continuación: pasaremos sin elaborarlos el punto central y aquel que lo precede tomándolo como para seguir con 2 puntos iguales del derecho (figura E.1). Elaborare-

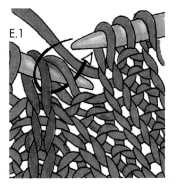

E.1

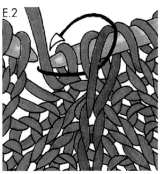

E.2

**53**

*Algunas elaboraciones particulares*, pág. 62). Enlazaremos los puntos centrales y continuaremos con los puntos laterales (manteniendo los 4-6 puntos de franja) hasta llegar a los enlaces de las partes de los hombros. Para obtener un escote sobre cuatro lados, mientras elaboramos la parte de detrás recordaremos efectuar sobre los puntos centrales (que son iguales en número a los de la parte de delante), y para los mismos centímetros o giros, el mismo punto que usemos para hacer el escote en la parte de delante.

### ESCOTE DE POLO

Una vez obtenida la altura indicada, normalmente después de haber hecho las sisas (para las sisas ver el capítulo *Las sisas y las mangas*, pág. 56), dividiremos los puntos que hay sobre la aguja en tres partes; dos serán iguales y la tercera, la central, de 6-8 puntos. Por ejemplo, si sobre la aguja hay 40 puntos, se deberán dividir del siguiente modo: unos 16-17 puntos para el lado derecho, 6-8 para la franja de la abertura de polo,

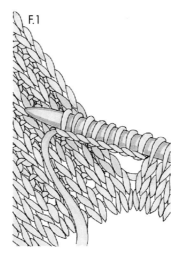

F.1

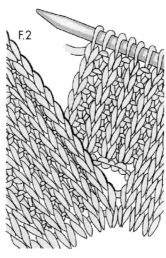

F.2

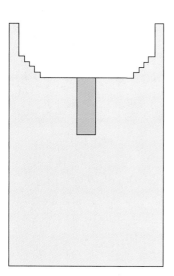

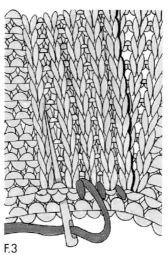

F.3

y 16-17 puntos para el lado izquierdo. Elaboraremos la franja con el punto elegido empezando por los puntos del lado derecho (mirando la labor) si es para hombre y por los puntos del lado izquierdo si la prenda es para mujer. Elaboraremos la primera parte hasta llegar a la altura en la que se empezará el escote redondo y dejaremos todos los puntos en espera. Para continuar con la segunda mitad del escote (la que no tiene franja) retomaremos los puntos suspendidos al llegar a la altura en la que empieza la separación (figura F.1), y aquí añadiremos, de nuevo y en el centro de la prenda, tantos puntos como sean los de la franja (figura F.2): estos servirán para formar la parte interna. Al llegar a la altura del escote, con las dos mitades dejaremos en espera los puntos de la franja, más la mitad de los puntos destinados al escote en sí, y continuaremos con las disminuciones 1 punto cada 2 vueltas de aguja hasta que se terminen los puntos para el escote; podemos seguir del derecho (sin disminuir) hasta los hombros. Retocaremos el escote del reverso afirmando con un punto escondido los puntos que se hayan hecho de nuevo, en correspondencia con el inicio del borde sobrestante (figura F.3).

Para hacer el borde del escote, coseremos los hombros, y pondremos en espera sobre las agujas los puntos de una parte de delante, retomaremos los puntos de alrededor del escote y meteremos sobre la aguja los puntos en espera de la segunda parte de delante y los elaboraremos con el mismo tipo de punto del borde de las aberturas.

# LOS CUELLOS

Una vez hechos, los escotes se pueden acabar de retocar con diferentes tipos de cuellos. Para obtener un buen resultado en la elaboración de los cuellos es mejor preparar antes de empezar sobre un cartón el modelo que se quiera realizar. Para facilitar su realización es preferible elaborar los cuellos aparte y unirlos después a la prenda con puntos que no se vean o con algún punto de detrás.

## CUELLO DE PICO

Con el cuello de pico se pueden retocar los escotes redondos o los escotes de polo. Si el cuello se elabora con canalés, el inicio será tubular; si se elabora con punto alisado, aconsejamos empezar con dos puntos, a los que seguirán 4 o 5 giros de punto unido o punto de arroz; el punto elegido continuará en los 6 u 8 puntos iniciales y finales, para evitar que el punto alisado se enrolle.

Hecho un número de puntos suficiente para efectuar todo el giro del escote, los elaboraremos hasta llegar a la altura deseada, dejando los puntos abiertos para unirlos a la prenda con un punto detrás.

## CUELLO DE CHAL

Se aplica a los escotes de pico en los que se enlazan unos diez puntos para la separación del escote, o sobre cárdigans con escotes de pico.

Elaboraremos aparte una tira larga en función de la base y la longitud del escote (para calcularla se parte de la base del escote, se gira alrededor de la parte de atrás del escote y se vuelve al punto de partida).

Aplicaremos esta tira cruzando una parte sobre la otra, al llegar al final del escote.

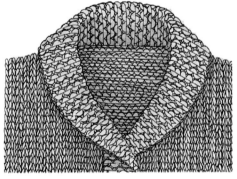

## CUELLO ALTO

Puede aplicarse en los escotes redondos.

Después de haber cosido una parte de los hombros, partiendo del hombro abierto retomaremos los puntos de alrededor del escote para elaborar con el punto que hayamos elegido la altura deseada; realizaremos los últimos 4 giros con punto tubular y cerraremos los puntos con una aguja. Coseremos el segundo hombro, y con él, el cuello.

# LAS SISAS Y LAS MANGAS

Las sisas y las mangas se tratan a la misma vez, ya que a las primeras se deben adaptar las segundas. Los tipos de sisa y de manga más usados son: de giro, con la espalda caída, a raglán y a semirraglán (o a la inglesa).

### SISA Y MANGA DE GIRO

La *sisa* de giro es la que más se utiliza y se adapta a cualquier tipo de prenda. Normalmente tiene una profundidad de unos 5 o 6 cm y es igual por delante y por detrás.

Para la altura de la sisa, calcularemos el número de los puntos que se tengan que disminuir, midiendo con el metro a cuántos puntos les corresponden 5 o 6 cm de profundidad; y entonces enlazaremos la mitad de los puntos en una o dos vueltas, mientras que los que queden se enlazarán gradualmente y de manera uniforme.

Por ejemplo: si los puntos que se tienen que disminuir son 15, enlazaremos 5 puntos, dos vueltas 2 puntos, y seis vueltas 1 punto. Las disminuciones se realizan en la parte del derecho y cada dos puntos.

Continuaremos por el derecho hasta la altura de los hombros, y enlazaremos los puntos de estos en tres o cuatro veces.

Para las disminuciones de la manga de giro, procederemos de la misma manera que para las disminuciones de la sisa; retomando el ejemplo de la sisa, enlazaremos 5 puntos, 2 puntos dos vueltas, pero continuaremos luego con las disminuciones cerrando los lados con 1 punto cada 2 vueltas de aguja, hasta tener sobre la aguja un número de puntos correspondientes a 6-8 cm: estos se enlazarán una sola vez. Los enlaces, tanto en las mangas como en las sisas, se realizan sobre el derecho de la prenda cada 2 puntos.

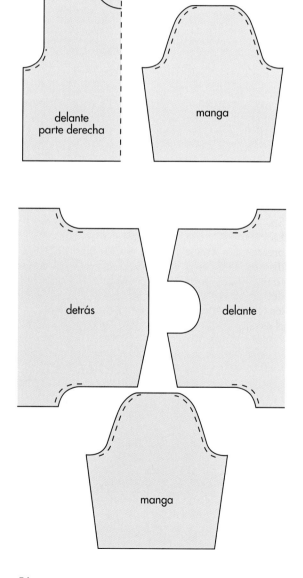

## SISA Y MANGA CON EL HOMBRO CAÍDO

Esta caída es el hombro más fácil de realizar y se adapta muy bien a las prendas deportivas y a las que son caídas (es decir, cuadradas). Ya sea por delante o por detrás de la prenda, se elaboran por el lado derecho del hombro, sin formar ningún tipo de sisa.

Para hacer la manga, tampoco hay que realizar ninguna sisa: al llegar a la altura deseada, enlazaremos todos los puntos en una sola vuelta. Para realizar este tipo de manga, hay que tener en cuenta, para calcular los aumentos, los centímetros que deberá tener el giro de la manga.

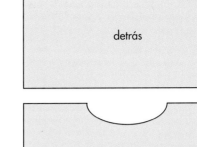

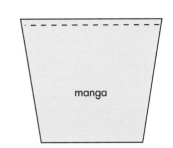

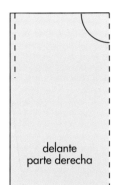

## SISA Y MANGA A RAGLÁN

La realización de la sisa a raglán sigue una regla muy precisa para el cálculo de los puntos que se tienen que disminuir: es necesario dividir en tres partes el número de los puntos de la parte de delante y de la parte de detrás (que serán iguales), calculando dos partes iguales para cada sisa y una parte algo más pequeña para el escote.

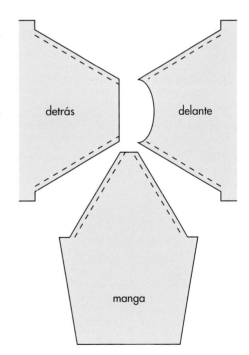

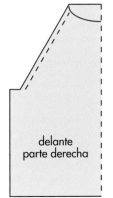

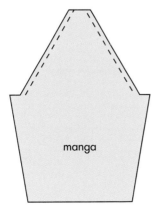

Después de haber establecido cuántos serán los puntos que hay que cerrar, procederemos de la siguiente manera: a la altura de las sisas enlazaremos en los lados 2 o 3 puntos, y continuaremos los enlaces disminuyendo en los lados 1 punto cada 2 vueltas de aguja, hasta acabar los puntos que están destinados a las sisas.

Para la disminución de las mangas a raglán procederemos de la misma manera ya sea por la parte de delante o por la de detrás; el número de los puntos que hay que disminuir debe ser idéntico al de los puntos dismi-nuidos para la otra sisa, más una decena de puntos. Al llegar a la altura deseada, enlazaremos a los lados 2 o 3 puntos, y entonces continuaremos enlazando a los lados 1 punto para cada 2 vueltas de aguja, hasta que sobre la aguja no quede la decena de puntos que se han enlazado en una sola vez.

SISA Y MANGA A SEMIRRAGLÁN O A LA INGLESA

Tienen un procedimiento similar al que se ha usado para realizar el modelo a raglán para la disminución de los puntos y se realizan como los del giro; el semirraglán es más sencillo y resulta bien modelado al igual que el del giro. Para la sisa enlazaremos algunos puntos (unos 3 o 4) de ambos lados, después disminuiremos un cierto número de puntos (10-15) en el ritmo de 1 punto cada dos vueltas de aguja en el interior de 2 o 3 puntos, para que formen un motivo decorativo. Y entonces, procederemos por el derecho hasta conseguir la altura necesaria.

Para la manga disminuiremos al igual que para la sisa, y enlazaremos los puntos restantes de una sola vez.

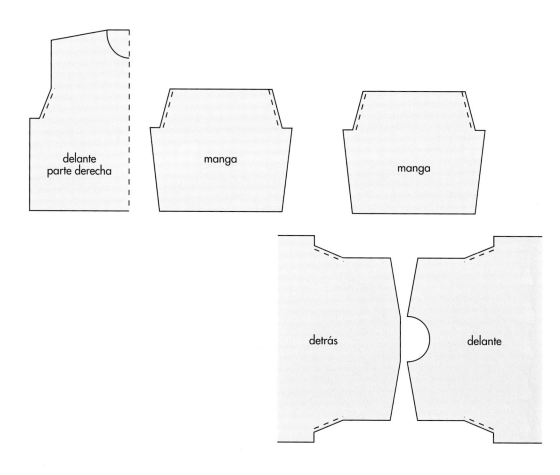

# Finalizar el trabajo

Es importante saber cerrar bien los puntos, es decir, saber realizar los enlaces del final de modo correcto; para esto se requiere una confección muy cuidadosa de las costuras. La regla más importante que hay que respetar a la hora de finalizar una prenda es la de enlazar los puntos tal y como se presenten: del derecho los puntos del derecho, del revés los del revés.

### Enlace simple del derecho
Elaboraremos del derecho el primer y el segundo punto de la aguja izquierda, utilizando como ayuda la punta de la aguja izquierda, superpondremos el primer punto de la aguja derecha sobre el segundo: de esta manera sobre la aguja derecha quedará un solo punto (figura A.1).

Haremos el tercer punto izquierdo y superpondremos el punto de la aguja derecha sobre el punto que acaba de realizarse: también esta vez quedará un solo punto sobre la aguja derecha. Continuaremos así, hasta tener agotados los puntos que haya en la aguja de la izquierda (figura A.2).

### Enlace simple del revés
Es igual que el enlace simple del derecho, pero elaborando los puntos del revés.

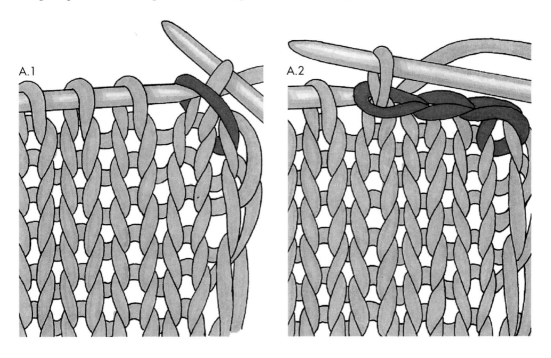

A.1

A.2

# LAS COSTURAS

Después de haber realizado las diferentes piezas de una prenda y antes de pasar a los retoques (que la mayoría de las veces se realizan después de haber cosido la prenda), es muy importante aprender las diferentes técnicas de costura.

Antes de empezar a coser la prenda es necesario plancharla; después de extenderla bien estirada sobre una superficie suave, con la parte derecha bocabajo, es necesario pasar varias veces la plancha con vapor teniendo la prenda ligeramente levantada. Esperaremos a que la prenda esté absolutamente seca, y entonces podremos proceder a la confección.

### COSTURA CLÁSICA
Superpondremos las dos piezas de tela que se tengan que unir con las dos partes derechas mirándose entre sí, teniendo cuidado de que se junten perfectamente los bordes. Con una aguja de lana coseremos con el punto atrás (figura A). Es importante realizar puntos pequeños y lo más regulares posible.

A

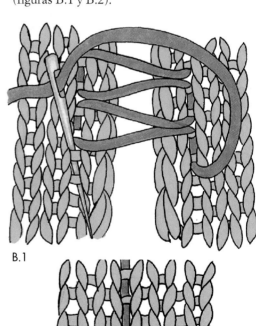

### COSTURA VERTICAL
Juntaremos bien las dos partes que se vayan a unir. Sobre la parte del derecho de la prenda insertaremos la aguja en el centro del punto que precede al margen o borde, cogiéndolo de forma alternativa, una vez a la derecha y una vez a la izquierda, los dos hilos horizontales de cada punto. Procederemos desde arriba hacia abajo (figuras B.1 y B.2).

B.1

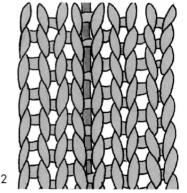

B.2

## COSTURA ENTRE DOS PARTES CON PUNTOS ENLAZADOS

Juntaremos las dos piezas que tengamos que unir. Sobre la parte del derecho de la prenda insertaremos la aguja en el punto que precede al margen, es decir, los puntos enlazados, pasando por debajo de este punto una vez hacia arriba, otra hacia abajo. Procederemos de derecha a izquierda (figuras C.1 y C.2).

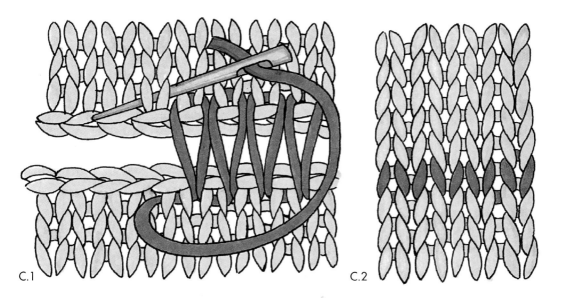

C.1          C.2

## COSTURA ENTRE UNA PARTE VERTICAL Y OTRA DE PUNTOS ENLAZADOS

Juntaremos las piezas que se tengan que unir, que en esta ocasión tienen una dirección opuesta en referencia al punto. Sobre la parte derecha de la prenda insertaremos la aguja en la pieza vertical, pasando por debajo los dos hilos horizontales del punto que precede al margen; después pasaremos la aguja en la pieza horizontal por debajo de los dos puntos que preceden al margen de los puntos enlazados. Alternaremos estos dos movimientos procediendo desde la derecha hacia la izquierda (figuras D.1 y D.2).

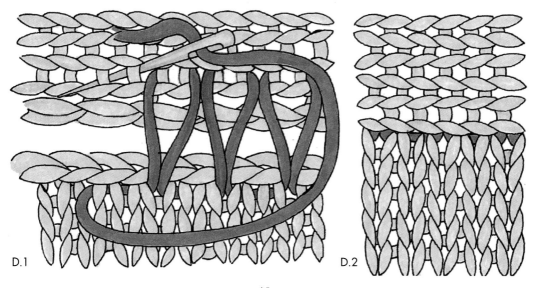

D.1          D.2

# ALGUNAS ELABORACIONES PARTICULARES

## El jacquard

Se llama así a las elaboraciones de dibujos (por lo general, geométricos) realizados con hilos de colores diferentes.

JACQUARD A RAYAS VERTICALES
Lo más cómodo es usar un ovillo para cada color. Para que no se formen agujeros cuando hagamos los cambios de colores es necesario cruzar los hilos en cada aguja. Desde la derecha llevaremos a la izquierda el hilo del color con el que hemos estado trabajando y pasaremos por encima con el hilo del color que vayamos a utilizar ahora, teniendo los hilos detrás de la pieza (figura A.1). En la parte del revés realizaremos los mismos movimientos, pero teniendo los hilos delante de la

pieza (figura A.2). De este modo, todos los cruces de los hilos permanecerán en la parte del revés de la prenda. Para realizar las elaboraciones de jacquard, alternaremos sobre la misma aguja hilos de colores diferentes. Es preferible que los hilos se alternen a lo sumo cada 4 o 5 puntos. Si los cambios de hilo suceden después de más de 5 puntos, es mejor hacer pasar entre un punto y otro el hilo momentáneamente no utilizado.

JACQUARD CON HILOS PASADOS
Se usa cuando el cambio de color sucede como máximo cada 5 puntos. Sobre la parte del derecho, el hilo que se tenga que pasar, momentáneamente no utilizado, deberá mantenerse en la parte izquierda de la pieza, de modo que agilice la elaboración de los puntos con el color que se tenga que utilizar en esos ins-

tantes (figura B.1). En el revés seguiremos igual, pero tendremos el hilo que hay que pasar delante (figura B.2). El hilo no deberá estar muy tenso.

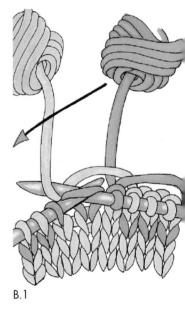

B.1

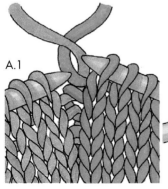

A.1

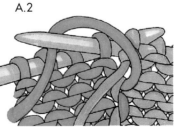

A.2

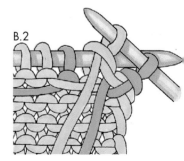

B.2

JACQUARD CON HILOS TEJIDOS
Se usa para los diseños en los que el cambio de color se produce después de hacer más de 5 puntos. En la parte del derecho de la labor pondremos el hilo de color que estamos usando sobre el dedo índice derecho y el del color al que vamos a pasar sobre el dedo índice izquierdo. Sostendremos la aguja derecha en el punto siguiente, sobre el hilo al que tendremos que pasar, y elaboraremos después el punto del derecho. Continuaremos repitiendo estos dos movimientos dejando siempre el hilo que se tenga que pasar en la parte de detrás de la prenda (figura C.1). En el revés de la prenda sostendremos la aguja derecha en el punto siguiente, debajo del hilo que tenemos que pasar, y elaboraremos el punto al revés (figura C.2).

Repetiremos estos dos movimientos y dejaremos siempre el hilo que se tenga que pasar en la parte de delante.

## Trenzas, solapas de trenzas y avellanitas

Sirven para puntos de fantasía. Veamos cómo se elaboran.

TRENZAS
Consideremos una trenza de 6 puntos. Después de haber hecho algunas pasadas de agujas, y una vez se haya llegado a la altura establecida para el enlace, procederemos de dos formas diferentes para realizar los cruces hacia la izquierda y hacia la derecha.

Para los cruces hacia la izquierda, dejaremos en espera los 3 primeros puntos sobre una aguja auxiliar en la parte delantera de la labor (figura D.1), y haremos los 3 puntos sucesivos del derecho; por último, tejeremos del derecho los 3 puntos que se habían dejado en espera (figura D.2).

Para los cruces hacia la derecha, dejaremos en espera sobre una aguja auxiliar los 3 primeros puntos en la párte de detrás de la prenda (figura D.3). Elaboraremos los 3 puntos sucesivos del derecho, y haremos del derecho los 3 puntos en espera.

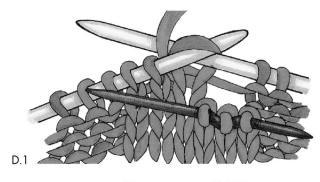

D.1

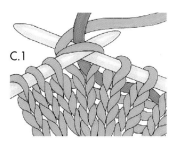

C.1

D.2

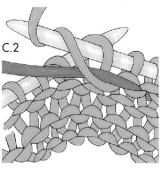

C.2

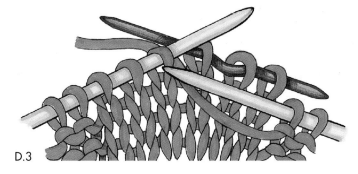

D.3

## SOLAPAS DE TRENZAS

En el ejemplo que se ilustra a la derecha, un grupo de 7 puntos se elabora con el punto alisado en una prenda realizada con punto de arroz. Lo primero es determinar cuántos giros (serán siempre los mismos) se realizarán para enrollar el hilo; entonces dejaremos en suspenso los puntos poniéndolos en una aguja auxiliar en la parte delantera de la labor (figura E.1). Pasaremos el hilo alrededor de los puntos en suspenso, la primera por detrás (figura E.2). Elaboraremos los puntos en espera (figura E.3) y continuaremos con la prenda (figura E.4) hasta llegar al siguiente punto en el que enrollar el hilo.

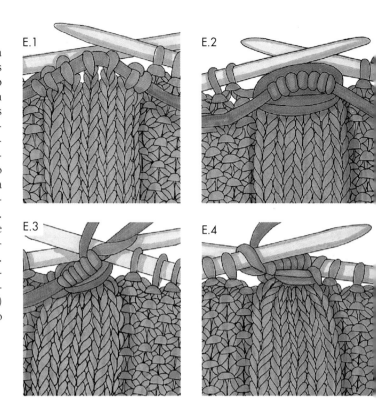

## AVELLANITAS

Se usan muy a menudo en algunos puntos elaborados como por ejemplo las trenzas, los calados, etc.

Una vez localizado el punto en el que se va a realizar una avellanita, realizaremos en él 7 puntos, alternándolos 1 del derecho y 1 del revés, hasta tener hechos 7 puntos nuevos (figura F.1).

Confeccionaremos estos 7 puntos con el punto alisado, hasta llegar al cierre, que dependerá de las dimensiones de la avellanita. Para cerrarla una vez hecha, insertaremos la aguja de ganchillo desde la derecha hacia la izquierda en los 7 puntos (figura F.2), extraeremos un ojal y lo pondremos sobre la aguja derecha (figura F.3).

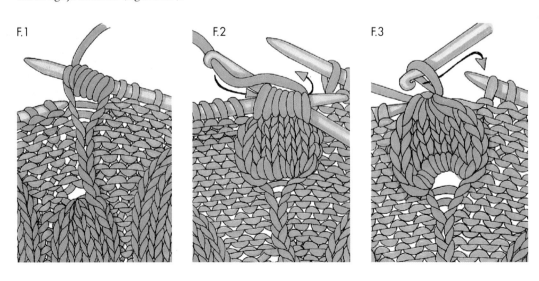

# LOS ÚLTIMOS RETOQUES

La prenda realizada en punto puede enriquecerse finalmente con motivos decorativos como bordados, pompones, borlas y flecos.

## Bordados

Las técnicas para bordar sobre punto son dos: la primera se llama bordado sobre punto, y la segunda, que nos permitirá realizar cualquier tipo de bordado, es el bordado sobre papel de seda.

### BORDADO SOBRE PUNTO

Para realizar este punto, el trozo que esté elaborado con punto alisado constituye la base de la labor que vamos a realizar. Hemos representado el esquema del bordado sobre un papel cuadriculado, como el de los esquemas para hacer punto de cruz, y cada cuadradito se corresponde con un punto alisado (figura A.1). Saldremos con la aguja desde el centro de un punto, y empujaremos la aguja en sentido horizontal desde la derecha hacia la izquierda, co-

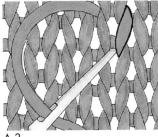

A.2

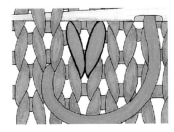

A.3

giendo los dos hilos del punto que sobraba (figura A.2). Volveremos al punto de partida empujando la aguja en el mismo punto del que se había salido (figura A.3), obteniendo una pequeña V (figura A.4). Continuaremos con la labor de este

A.4

A.1

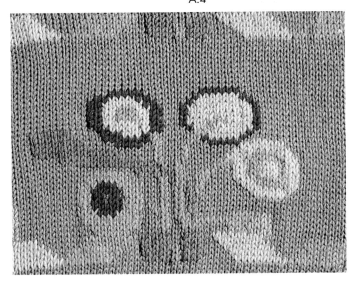

mismo modo hasta haber terminado los puntos necesarios para completar la raya de ida; a la vuelta, se realizarán de la misma manera los pasos que hemos explicado, procediendo del mismo modo, pero desde la izquierda hacia la derecha. El bordado sobre el punto está basado en la misma técnica que el punto de cruz y ofrece una gran variedad de motivos.

### BORDADO SOBRE PAPEL DE SEDA

Con el bordado sobre el papel de seda (un tejido con una trama particular sobre la que se calca el dibujo que se va a bordar) es posible reproducir sobre punto casi todos los puntos del bordado. Si no disponemos de papel de seda, se puede sustituir por el prospecto de un medicamento ligeramente almidonado y bien estirado.

Sobre el papel de seda o sobre el prospecto dibujaremos o calcaremos el motivo elegido. Entonces, con un hilván, aplicaremos la base que hemos dibujado en el punto elegido; de este modo tendremos una base adecuada para el bordado (figura B.1).

Una vez realizado el bordado, deshilaremos uno a uno los hilos de la trama y los hilos trazados, eliminando así la base sobre la que habíamos dibujado el motivo (figura B.2).

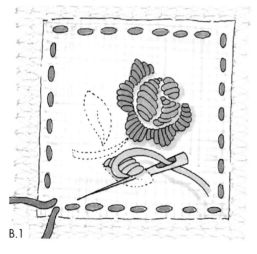

B.1

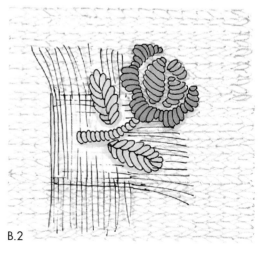

B.2

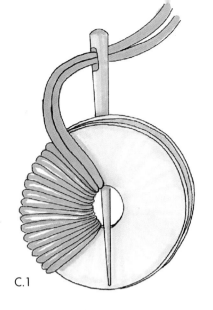

C.1

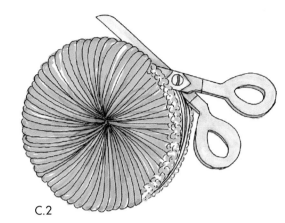

C.2

## Pompones, borlas y flecos

Sirven para acabar o embellecer algunas prendas.

POMPÓN

En un trozo de cartón algo grueso recortaremos dos discos iguales, con un diámetro establecido para el pompón y haremos en el centro un agujero suficientemente grande.

Superpondremos los discos y los cubriremos enrollando a su alrededor la lana hasta que se haya rellenado todo el agujero central (figura C.1). Insertaremos la punta de las tijeras entre los discos y cortaremos todos los hilos de la circunferencia (figura C.2).

Separaremos ligeramente los discos, uniendo estrechamente el centro con una hebra de lana (figura C.3).

Sacaremos los trocitos de cartón, sacudiremos el pompón de modo que se infle (figura C.4), y lo apuntalaremos con pequeños puntos que no se vean.

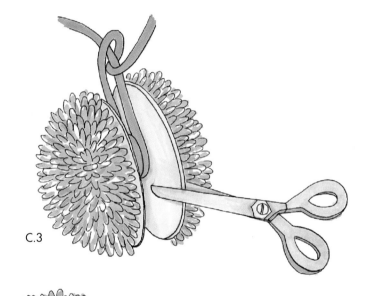

C.3

C.4

## BORLAS

En un trozo de cartón rígido, recortaremos un rectángulo de unos 4 o 5 centímetros de ancho y tan largo como la longitud que se le quiera dar a la borla (figura D.1).

Enrollaremos alrededor lana unas cuantas veces. Pasaremos un hilo de lana (doble) en un extremo del cartoncito, haremos un nudo y lo apretaremos fuerte.

Cortaremos los hilos de la parte opuesta a aquella en que se ha hecho el nudo.

Enrollaremos una hebra de lana alrededor de la borla un poquito más abajo de la parte que había sido anudada previamente, y la fijaremos con un pequeño nudo (figura D.2).

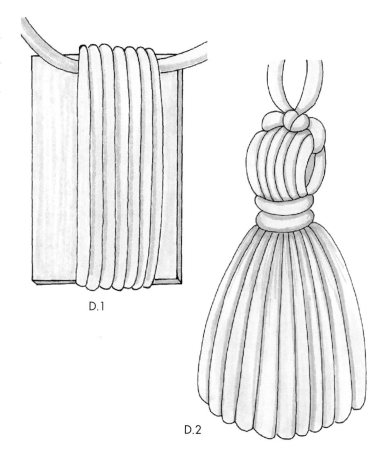

D.1

D.2

## FLECOS

Prepararemos un cartoncito rígido con la longitud del fleco. Enrollaremos a su alrededor el hilo elegido y cortaremos el hilo en uno de los dos lados: obtendremos un manojo de hilos con la misma longitud. Formaremos manojos con igual número de hilos y, con la ayuda de una aguja de ganchillo, los insertaremos sobre la prenda: con la aguja de ganchillo en un punto del borde que se va a retocar, ataremos el manojo de hilos en su mitad y lo pasaremos alrededor del punto, formando un anillo. Quitaremos la aguja, pasaremos los hilos del manojo a través del anillo que se ha formado y tiraremos de ellos. Continuaremos de la misma manera con el manojo siguiente, cuidando la distancia entre manojos (figura E).

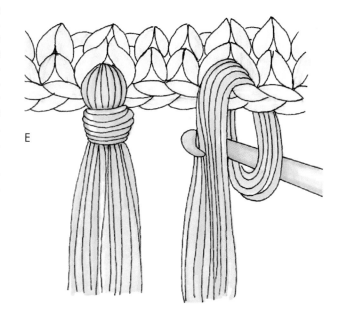

E

# LOS MODELOS

## Leyenda

+ = 1 punto en el borde

| = 1 punto del derecho

− = 1 punto del revés

⊤|⊥ = 2 puntos del derecho cruzados

−⌐ = 2 puntos del revés cruzados

⟋ = 2 puntos del derecho

⬭ = unión de la solapa de trenzas (para el número de puntos ver el esquema)

☐ = elaborar como se indica en el margen del esquema

⌐ = 6 puntos cruzados a la izquierda

⌒ = 1 superposición doble

⊠ = pasar 1 punto del revés quitando el hilo de la aguja

• = elaborar del derecho 1 punto con 1 punto baldío

△3 = coger 3 puntos a la vez y elaborarlos: 1 del derecho, 1 baldío y 1 del derecho

⟍ = 1 superposición simple

○ = 1 punto baldío

▼ = delimita los puntos que se tienen que repetir

## ▓ PUNTOS EMPLEADOS

Después de haber aprendido las nociones básicas para hacer punto, podremos aplicar las técnicas aprendidas realizando los modelos que aquí se exponen según su grado de dificultad. Para la realización de las prendas se utilizarán algunos tipos de puntos que ya han sido explicados en los capítulos anteriores: canalés (1/1, 2/2, 3/3), punto unido, punto alisado, punto tubular.

Para los nuevos puntos (y para el punto alisado) daremos la explicación oportuna cuando aparezcan por primera vez.

He aquí los nuevos puntos:

- canalé inglés (pág. 110);
- canalé 2/2 con cruces (pág. 80);
- canalé fantasía (pág. 92);
- canalé con calados (pág. 108);
- punto alisado con solapas de trenzas (pág. 105);
- punto alisado con adornos del revés (pág. 94);
- punto alto (aguja de ganchillo, pág. 104);
- punto bajo (aguja de ganchillo, pág. 84);
- punto de solapas de trenzas (pág. 118);
- punto de hojitas à jour (pág. 122);
- punto de cangrejo (aguja de ganchillo, pág. 72);
- punto de Irlanda (pág. 101);
- punto de pavo doble (pág. 87);
- punto de rombos pequeños (pág. 114);
- punto de red (aguja de ganchillo, pág. 104);
- punto de rombos calados (pág. 124);
- punto de tablero (pág. 84);
- punto de trenzas (pág. 98);
- punto de tulipán (pág. 120).

# JERSEY CON CARA DEL REVÉS

| Dificultad | Talla |
|---|---|
| fácil | 42 |

**Hilo**

lana sport

**Utensilios**

650 g de lana. Agujas n.º 4 y 1/2 y n.º 5 y 1/2.

**Muestra**

10 × 10 cm de lana sport elaborada con las agujas del n.º 5 y 1/2 con punto alisado; equivale a 14 puntos por 16 pasadas de aguja.

## ■ PUNTOS EMPLEADOS

Punto tubular, canalé 2/2, punto alisado (para este último seguir el esquema).

| + | − | − | − | − | − | − | + | 4 |
|---|---|---|---|---|---|---|---|---|
| + | I | I | I | I | I | I | + | 3 |
| + | − | − | − | − | − | − | + | 2 |
| + | I | I | I | I | I | I | + | 1 |

**Delante.** Con las agujas del n.º 4 y 1/2 empezaremos a hacer 70 puntos y tejeremos con punto tubular durante 4 pasadas de aguja; continuaremos con los canalés 2/2 durante 4 cm. Con las agujas del n.º 5 y 1/2 continuaremos con punto alisado del derecho durante 16 cm, con punto alisado del revés durante 16 cm y terminaremos con otros 16 cm de punto alisado del derecho. A unos 30 cm de la altura total, enlazaremos para las sisas 2 puntos y disminuiremos cada 2 pasadas 1 punto durante 5 veces. A unos 52 cm de la altura total cruzaremos todos los puntos.

**Delante.** Con las agujas del n.º 4 y 1/2 haremos 70 puntos, tubulares durante 4 pasadas de aguja; continuaremos con los canalés 2/2 durante 4 cm. Con las agujas del n.º 5 y 1/2 realizaremos con punto alisado del derecho unos 16 cm, con punto alisado del revés otros 16 cm

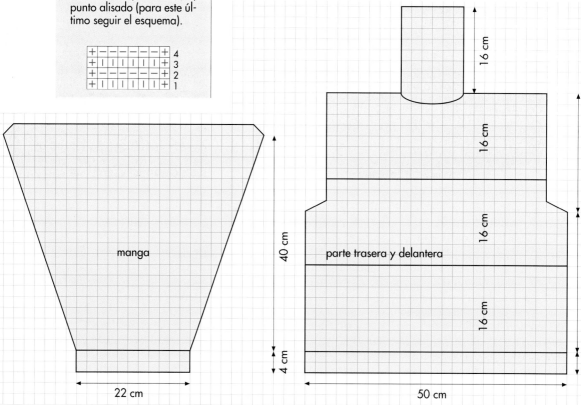

manga

22 cm

40 cm

4 cm

parte trasera y delantera

16 cm

16 cm

16 cm

16 cm

50 cm

y finalmente otros 16 cm con punto alisado del derecho.

A unos 30 cm de la altura total, enlazaremos 2 puntos para cada sisa y disminuiremos cada 2 pasadas 1 punto durante 5 vueltas. A unos 47 cm de la altura total, enlazaremos 13 puntos centrales y disminuiremos hacia el centro cada 2 pasadas 1 punto durante 4 veces. A unos 52 cm de la altura total enlazaremos los puntos que queden.

**Mangas.** Con las agujas del n.º 4 y 1/2 haremos 38 puntos (punto tubular durante 4 pasadas); continuaremos con los canalés 2/2 durante 4 cm. Con las agujas del n.º 5 y 1/2 seguiremos con el punto alisado del derecho, aumentando en los dos lados 1 punto cada 4 pasadas 10 veces.

A unos 44 cm de la altura total, enlazaremos 2 puntos y disminuiremos cada 2 pasadas 1 punto durante 5 veces. Aca-bados los calados, enlazaremos todos los puntos.

Coseremos un hombro. Para el cuello retomaremos con las agujas del n.º 4 y 1/2 80 puntos alrededor del cuello y tejeremos con los canalés 2/2 durante 16 cm; haremos 2 pasadas de aguja con punto tubular y cerraremos con la aguja. Coseremos el otro hombro, los costados y la parte interior de la manga, y montaremos las mangas.

| Dificultad | Talla |
|---|---|
| fácil | 44 |

## Hilo

lana sport fantasía; lana baby en tres colores diferentes, que concuerden con la lana fantasía, para poder usar los tres.

## Utensilios

300 g de lana sport fantasía y 250 g de lana baby en tres colores diferentes. Agujas del n.º 8. Aguja de hacer ganchillo n.º 4 y 1/2. Tres botones de colores diferentes con respecto al hilo de la lana.

## Muestra

10 × 10 cm de lana elaborada con las agujas del n.º 8 con punto alisado a rayas; equivale a 10 puntos por 14 pasadas de aguja.

**Detrás.** Con las agujas del n.º 8 empezaremos a hacer 54 puntos. Continuaremos con punto alisado alternando 2 rayas hechas con la lana de fantasía y 2 rayas hechas con la lana baby en los tres colores que estamos utilizando a la vez. A unos 31 cm del fondo, para las sisas de las mangas disminuiremos cada 2 pasadas de agujas 2 puntos durante 4 veces. A unos 53 cm de la altura total enlazaremos todos los puntos.

**Delante, a la izquierda.** Con las agujas del n.º 8 empezaremos a hacer 29 puntos; continuaremos con el punto alisado alternando 2 rayas elaboradas con la lana fantasía y 2 rayas elaboradas con la lana baby en los tres colores que utilizamos a la vez.

A unos 31 cm del fondo disminuiremos cada 2 pasadas de aguja 2 puntos durante 4 veces, para las sisas de las mangas y, al mismo tiempo, para el cuello en V disminuiremos (superposición simple) cada 4 pasadas de aguja 1 punto durante 8 veces; las disminuciones se realizan en el interior de 3 puntos. Aunque el cárdigan sea cosido teniendo el punto alisado del revés, efectuaremos las disminuciones sobre el derecho. A unos 53 cm de la altura total, enlazaremos todos los puntos.

**Manga.** Con las agujas del n.º 8 empezaremos a hacer 25 puntos. Continuaremos con el punto alisado alternando 2 rayas elaboradas con lana de fantasía y 2 rayas elaboradas con

## ■ PUNTOS EMPLEADOS

Punto sencillo, punto alisado alternando 2 rayas con el hilo de fantasía y 2 rayas con el hilo baby en los tres colores, punto de cangrejo (con la aguja de hacer ganchillo) para los retoques.

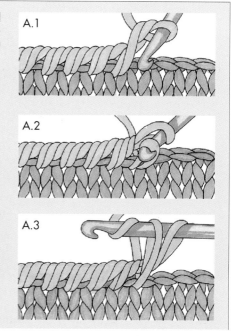

A.1

A.2

A.3

| | | |
|---|---|---|
| hilo fantasía | + − − − − − − + | 8 |
| | + │ │ │ │ │ │ + | 7 |
| hilo baby | + − − − − − − + | 6 |
| | + │ │ │ │ │ │ + | 5 |
| hilo fantasía | + − − − − − − + | 4 |
| | + │ │ │ │ │ │ + | 3 |
| hilo baby | + − − − − − − + | 2 |
| | + │ │ │ │ │ │ + | 1 |

## Punto de cangrejo

Se elabora de izquierda a derecha. Entraremos con la aguja de hacer ganchillo en el primer punto del margen que se tiene que retocar y tiraremos del hilo del ovillo, pasándolo a través del punto base, formando una cadeneta. * Sostendremos la aguja de hacer ganchillo (figura A.1) de delante hacia detrás en el punto sucesivo del margen que se tiene que retocar, y extraeremos el hilo a través del punto base (figura A.2). Tiraremos del hilo del ovillo y lo pasaremos a través de los 2 puntos que se encuentran en la aguja de ganchillo, cerrando así el punto (figura A.3) *. Repetir de * hasta *.

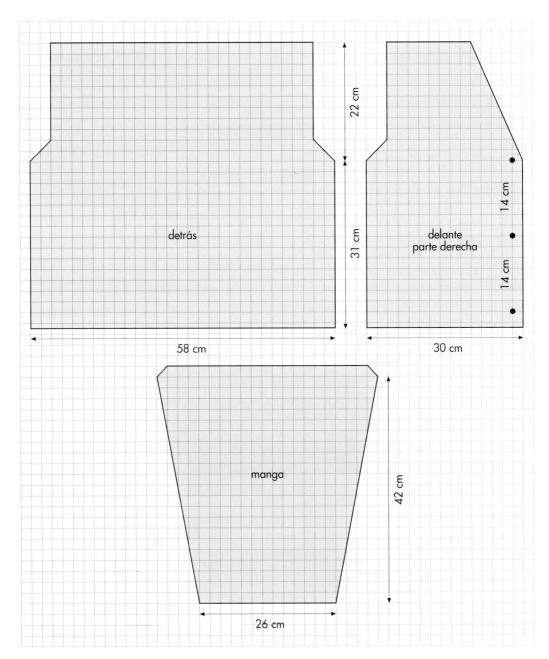

detrás

22 cm

31 cm

58 cm

delante
parte derecha

14 cm

14 cm

30 cm

manga

42 cm

26 cm

la lana baby en los tres colores que estamos utilizando simultáneamente, aumentando a la vez en los 2 lados cada 6 pasadas de aguja 1 punto durante 6 veces. A unos 42 cm del fondo, para las sisas de las mangas disminuiremos cada 2 pasadas de aguja 2 puntos durante 4 veces y enlazaremos todos los puntos que hayan quedado de una sola vez. La prenda se coserá teniéndola hacia fuera, es decir, del derecho, con el punto alisado del revés. Después coseremos los hombros.

Coseremos también los costados, y la parte inferior de las mangas, y las montaremos.

Con la aguja de hacer ganchillo n.º 4 y 1/2 retocaremos el cuello, el borde y las mangas con la lana fantasía, elaborando 1 giro con el punto de cangrejo.

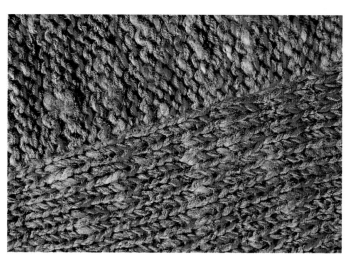

# JERSEY A RAYAS BLANCAS Y NARANJAS

| Dificultad | Talla |
|---|---|
| fácil | 42 |

**Hilo**

lana sport

**Utensilios**

450 g de lana dividida en 2 colores. Agujas del n.° 6. Aguja de ganchillo del n.° 4.

**Muestra**

10 × 10 cm de lana sport, con las agujas del n.° 6 punto alisado; equivale a 14 puntos por 16 pasadas.

## ■ PUNTOS EMPLEADOS

Punto alisado a rayas, punto de cangrejo para los retoques.

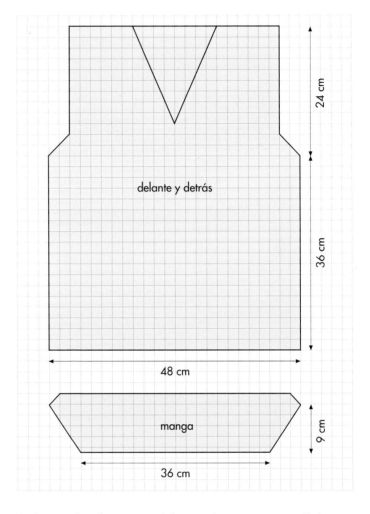

delante y detrás

24 cm

36 cm

48 cm

manga

9 cm

36 cm

**Detrás.** Con las agujas del n.° 6 haremos 60 puntos. Continuaremos elaborando 2 pasadas con el color blanco y 2 pasadas con el color naranja durante 7 veces; después haremos 4 pasadas con el color blanco y 6 pasadas con el naranja, 8 pasadas con el blanco y 8 pasadas con el naranja. Durante la realización de las 8 pasadas de aguja de color naranja, disminuiremos para las sisas de las mangas cada 2 pasadas de aguja 2 puntos durante 4 veces; continuaremos después elaborando 10 pasadas de aguja con el color naranja, 12 pasadas con el color blanco y 12 pasadas con el color naranja. Enlazaremos los puntos, todos de una vez.

**Delante.** Con las agujas del n.° 6 haremos 70 puntos y elaboraremos las rayas con la misma distribución anterior. Al hacer las primeras 10 pasadas de color blanco, dividiremos la prenda en dos partes para hacer el escote en V.

Procederemos sobre ambas partes siguiendo el esquema de las rayas como se ha hecho para la parte de detrás y, al mismo tiempo, haremos calado cada 4 pasadas de aguja 1 pun-

to durante 10 veces. Enlazaremos los puntos que queden.

**Manga.** Con las agujas del n.° 6, haremos 48 puntos; continuaremos 2 pasadas con el color blanco y 2 pasadas con el color naranja durante 5 veces aumentando a los dos lados cada 4 pasadas 1 punto durante 5 veces; para las sisas de la manga disminuiremos cada 2 pasadas 2 puntos durante 4 veces, y continuaremos alternan-

do 2 pasadas con el color blanco y otras 2 pasadas el naranja.

Una vez hechos los calados, enlazaremos todos los puntos.

Coseremos los hombros y también los costados y la parte inferior de la manga, y montaremos las mangas. Retocaremos las franjas, el escote y las mangas con 1 giro de punto de cangrejo.

# FALDA Y CASACA

| Dificultad | Talla |
|---|---|
| fácil | 44 |

**Hilo**

lana bouclé

**Utensilios**

400 g de lana. Agujas del n.º 3 y del n.º 3 y 1/2.

**Muestra**

10 × 10 cm de lana bouclé, elaborada con las agujas del n.º 3 y 1/2 con punto alisado; equivale a 22 puntos por 28 pasadas de aguja.

## ■ PUNTOS EMPLEADOS

Punto tubular, canalé 1/1, punto alisado y del revés.

## Falda

**Detrás.** Con las agujas del n.º 3 empezaremos a hacer 110 puntos y elaboraremos 4 pasadas de aguja con punto tubular. Continuaremos con canalé 1/1 durante 3 cm. Con las agujas del n.º 3 y 1/2 seguiremos con punto alisado, aumentando

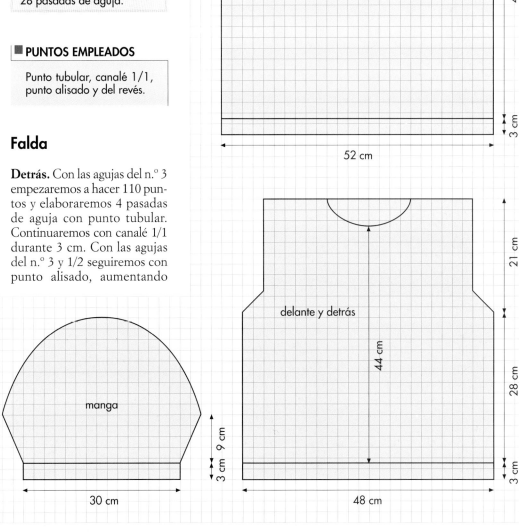

delante y detrás

52 cm

7 cm

13 cm

40 cm

3 cm

delante y detrás

44 cm

21 cm

28 cm

3 cm

48 cm

manga

30 cm

3 cm  9 cm

ambos lados cada 14 pasadas de aguja 1 punto durante 6 veces. A unos 40 cm del borde disminuiremos de los dos lados cada 4 pasadas de aguja 1 punto durante 10 vueltas y todavía cada 2 pasadas de aguja 1 punto durante 7 veces. A unos 56 cm de la altura total, confeccionaremos con las agujas del n.º 3 los canalés 1/1 durante 7 cm, elaboraremos 3 pasadas de aguja con punto alisado de un hilo de color diferente, y dejaremos los puntos en espera.

**Delante.** Se elabora como la parte de detrás.

Coseremos un costado de la falda. Doblaremos el borde de la cintura sobre el lado derecho y coseremos con el punto atrás los puntos que se habían dejado en espera. Insertaremos la goma y coseremos el otro lado.

## Casaca

**Detrás.** Con las agujas del n.º 3 empezaremos a hacer 106 puntos y elaboraremos 4 pasadas de aguja con punto tubular. Continuaremos con el canalé 1/1 durante 3 cm. Con las agujas del 3 y 1/2 continuaremos con punto alisado; a 31 cm de la altura total, para las sisas enlazaremos a los dos lados 6 puntos y cada 2 pasadas de aguja 2 puntos durante 2 veces, y 1 punto durante 3 veces. A unos 52 cm de la altura total, enlazaremos todos los puntos.

**Delante.** Con las agujas del n.º 3 haremos 106 puntos y 4 pasadas de aguja con con el punto tubular. Continuaremos con canalés 1/1 durante 3 cm. Con las agujas del n.º 3 y 1/2 continuaremos con punto alisado; a unos 31 cm de la altura total, para las sisas enlazaremos a los dos lados 6 puntos y cada 2 pasadas de aguja 2 puntos durante 2 veces, y 1 punto durante 3 veces. A unos 44 cm del borde, enlazaremos para el escote los 16 puntos centrales, y proseguiremos disminuyendo cada 2 pasadas de aguja 1 punto durante 4 veces. A unos 52 cm de la altura total, enlazaremos los puntos que hayan quedado.

**Manga.** Con las agujas del n.º 3 empezaremos a hacer 71 puntos y elaboraremos 4 pasadas de aguja con punto tubular. Continuaremos con canalés 1/1 durante 3 cm. Con las agujas del n.º 3 y 1/2 continuaremos con punto alisado, aumentando ambos lados cada 10 pasadas de aguja 1 punto durante 2 veces.

A unos 12 cm de la altura total, para las sisas enlazaremos a los dos lados 6 puntos y cada 2 pasadas de aguja 2 puntos durante 2 veces, 1 punto durante 16 veces, 2 puntos durante 2 veces, y 3 puntos. Una vez se hayan acabado los calados, enlazaremos los puntos que hayan quedado.

Coseremos un hombro. Retomaremos los puntos de alrededor del escote y los elaboraremos usando las agujas del n.º 3 con canalé 1/1 durante 4 cm; haremos 3 pasadas de aguja con punto alisado utilizando un hilo de color que contraste, doblaremos el borde sobre el derecho de la prenda y coseremos con pespuntes. Coseremos el otro hombro, los costados y la parte inferior de las mangas y montaremos las mangas.

# JERSEY PARA HOMBRE CON CUELLO DE POLO Y CREMALLERA

| Dificultad | Talla |
|---|---|
| fácil | 54 |

**Hilo**

lana sport elaborada triple

**Utensilios**

1.200 g de lana. Agujas del n.º 5 y del n.º 9. Cremallera de 13 cm.

**Muestra**

10 × 10 cm de lana sport elaborada triple usando las agujas del n.º 9 con el punto de canalé 2/2 con cruces; equivale a 15 puntos por 14 pasadas de aguja.

## ■ PUNTOS EMPLEADOS

Punto tubular, canalé 2/2 con cruces.

### Canalé 2/2 con cruces

1.ª pasada de aguja: 1 punto en el borde, * 2 puntos del revés, 2 puntos del derecho cruzados (elaboraremos del derecho el 2.º punto delante del 1.º, y después haremos el 1.er punto del derecho), 2 puntos del revés, 2 puntos del derecho *, repetiremos de * hasta * por toda la aguja, 2 puntos del revés, 1 punto en el borde.

2.ª pasada de aguja: 1 punto en el borde, 2 puntos del derecho, * 2 puntos del revés cruzados (elaboraremos del revés el 2.º punto delante del 1.º, y después haremos del revés el 1.er punto), 2 puntos del derecho, 2 puntos del revés *, repetir de * hasta * por toda la aguja, 2 puntos del derecho, 1 punto en el borde.

3.ª pasada de aguja: igual que lo que se ha realizado en la 1.ª pasada de aguja.

**Detrás.** Con las agujas del n.º 5 haremos 98 puntos y con el punto tubular 4 pasadas de aguja; continuaremos con los canalé 2/2 durante 4 cm. Con las agujas del n.º 9 seguiremos con el canalé 2/2 con cruces hasta unos 74 cm.

**Delante.** Con las agujas del n.º 5 empezaremos a hacer unos 98 puntos y elaboraremos punto tubular durante 4 pasadas; continuaremos con canalé 2/2 4 cm. Con las agujas del n.º 9 seguiremos con canalé 2/2 con cruces durante 50 cm, dividiremos los puntos en dos partes iguales y continuaremos sobre las dos mitades. A unos 67 cm de la altura total, enlazaremos en ambos lados 12 puntos y disminuiremos cada 2 pasadas de aguja 1 punto durante 3 veces. A unos 74 cm de la altura total, enlazaremos los puntos que queden.

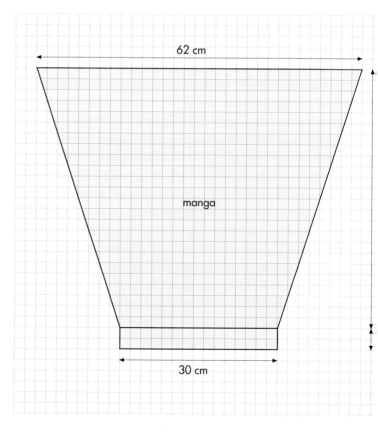

62 cm

manga

30 cm

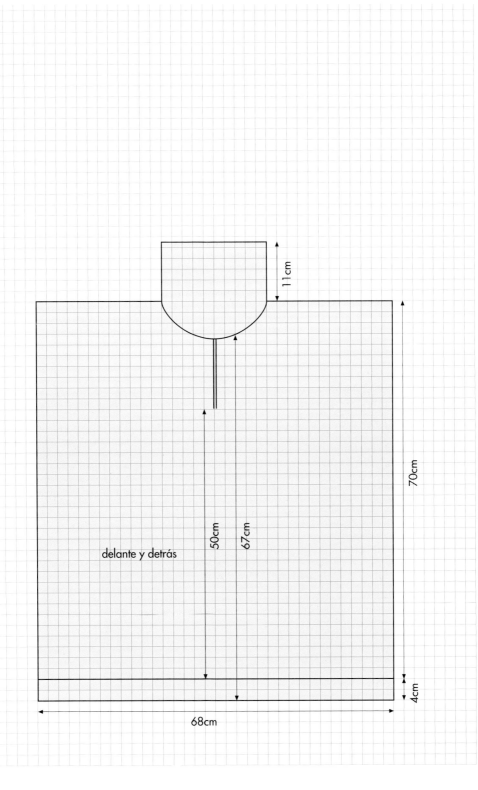

delante y detrás

11cm

70cm

50cm

67cm

68cm

4cm

**Manga.** Con las agujas del n.º 5 empezaremos a hacer 50 puntos y elaboraremos con punto tubular 4 pasadas; continuaremos con canalé 2/2 4 cm. Con las agujas del n.º 9 seguiremos con canalé 2/2 con cruces, aumentando en ambos lados cada 6 pasadas 1 punto durante 10 veces. A 52 cm de la altura total, enlazaremos los puntos.

Coseremos los hombros. Para el cuello retomaremos 78 puntos con las agujas del n.º 5, seguiremos con canalés 2/2 durante 11 cm y finalizaremos con 4 pasadas de aguja con punto tubular; cerraremos los puntos con una aguja. Coseremos los costados, la parte inferior de las mangas, y la cremallera.

# REBECA CON HENDIDURAS
# DE PUNTO DE TABLERO

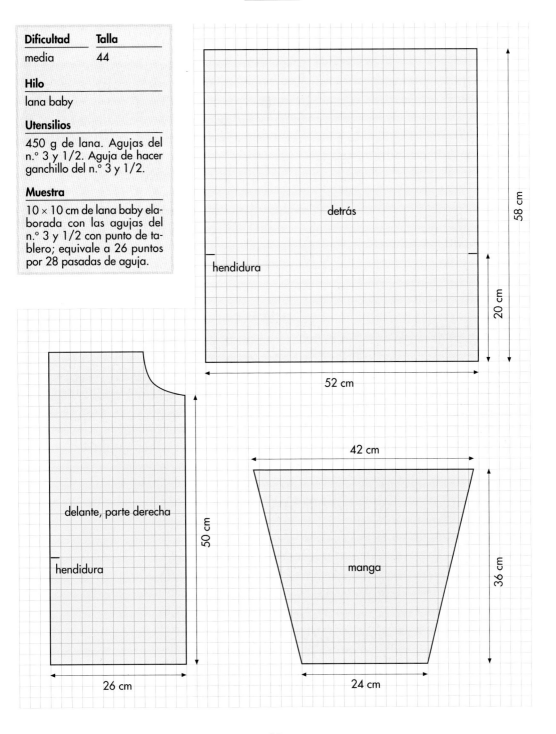

**Dificultad**    **Talla**

media       44

**Hilo**

lana baby

**Utensilios**

450 g de lana. Agujas del n.° 3 y 1/2. Aguja de hacer ganchillo del n.° 3 y 1/2.

**Muestra**

10 × 10 cm de lana baby elaborada con las agujas del n.° 3 y 1/2 con punto de tablero; equivale a 26 puntos por 28 pasadas de aguja.

detrás

hendidura

58 cm

20 cm

52 cm

delante, parte derecha

hendidura

50 cm

42 cm

manga

36 cm

26 cm

24 cm

Punto simple, punto de tablero, punto de cangrejo y punto bajo (con la aguja de hacer ganchillo) para los retoques.

### Punto de tablero

Seguiremos el esquema de la derecha: a cada cuadradito le corresponde un punto elaborado en una aguja.

### Punto bajo

Entraremos con la aguja de hacer ganchillo en el 1.er punto del margen que hay que retocar y tiraremos del hilo del ovillo; a continuación lo pasaremos a través del punto base, formando una cadeneta; * introducire-

| | | | | | | | | | | |
|---|---|---|---|---|---|---|---|---|---|---|
| + | \| | \| | \| | \| | − | − | − | − | + | 12 |
| + | − | − | − | − | \| | \| | \| | \| | + | 11 |
| + | \| | \| | \| | \| | − | \| | \| | − | + | 10 |
| + | − | − | − | − | \| | − | − | \| | + | 9 |
| + | \| | \| | \| | \| | − | − | − | − | + | 8 |
| + | − | − | − | − | \| | \| | \| | \| | + | 7 |
| + | \| | \| | \| | \| | − | − | − | − | + | 6 |
| + | − | − | − | − | \| | \| | \| | \| | + | 5 |
| + | − | \| | \| | − | \| | \| | \| | \| | + | 4 |
| + | − | − | − | \| | − | \| | \| | \| | + | 3 |
| + | − | − | − | − | \| | \| | \| | \| | + | 2 |
| + | \| | \| | \| | \| | − | − | − | − | + | 1 |

mos la aguja de hacer ganchillo en el punto siguiente del margen que hay que retocar, tiraremos del hilo del ovillo, y lo pasaremos a través del punto del borde: de este modo se obtendrán 2 puntos sobre la aguja de hacer ganchillo. Tiraremos otra vez del hilo del ovillo y lo haremos pasar a través de los dos puntos que se encuentran en la aguja de hacer ganchillo, cerrando así el punto *. Repetir de * hasta *.

**Detrás.** Con las agujas del n.º 3 y 1/2 empezaremos haciendo 130 puntos; continuaremos con punto de tablero durante 58 cm, y enlazaremos todos los puntos.

**Delante, parte izquierda.** Con las agujas del n.º 3 y 1/2 empezaremos haciendo 65 puntos; continuaremos con punto de tablero. A unos 50 cm de la al-

tura total, enlazaremos 18 puntos para el escote y disminuiremos cada 2 pasadas de aguja 1 punto durante 5 veces. A unos 58 cm de la altura total enlazaremos los puntos que queden.

**Delante, parte derecha.** Continuar la parte delantera derecha de manera análoga pero teniendo en cuenta las proporciones.

**Manga.** Con las agujas del n.º 3 y 1/2 empezaremos a hacer 50 puntos. Continuaremos con punto de tablero aumentando en ambos lados 1 punto cada 5 pasadas de aguja du-

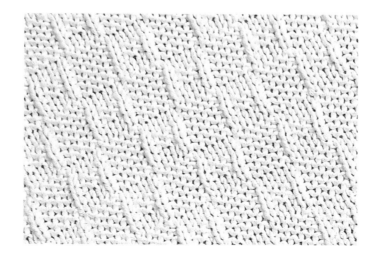

rante 20 veces. A unos 36 cm de la altura total enlazaremos todos los puntos.

Coseremos las espaldas y los lados, dejando abiertos unos 20 cm aproximadamente para las hendiduras, coseremos también la parte inferior de las mangas; montaremos las mangas. Con la aguja de hacer ganchillo del n.º 3 y 1/2, usando el hilo doble, retocaremos los márgenes de abertura, el cuello, los bordes, las hendiduras y las mangas con 1 giro de punto bajo, y terminaremos elaborando 1 giro con el punto de cangrejo.

# VESTIDO DE MEZCLA Y CHALECO

| Dificultad | Talla |
|---|---|
| media | 44 |

**Hilo**

lana zephir de mezcla

**Utensilios**

800 g de lana. Agujas del n.º 3, n.º 3 y 1/2 y n.º 9. Aguja de ganchillo del n.º 5.

**Muestra
(para el punto alisado)**

10 × 10 cm de lana de mezcla, agujas del n.º 3 y 1/2 con punto alisado; equivale a 22 puntos por 24 pasadas.

**Muestra
(para el punto de pavo doble)**

10 × 10 cm de lana de mezcla con 5 hilos y con las agujas del n.º 9; equivale a 14 puntos por 16 pasadas.

## Vestido

**Detrás.** Con las agujas del n.º 3, elaboraremos 110 puntos y haremos 4 pasadas con punto tubular y canalé (3 cm). Con las agujas del n.º 3 y 1/2 seguiremos con punto alisado, aumentando en ambos lados cada 14 pasadas 1 punto durante 6 veces. A

38 cm del borde disminuiremos en ambos lados cada 4 pasadas 1 punto durante 12 vueltas; continuaremos del derecho. A unos 68 cm de la altura total, enlazaremos a los lados 7 puntos, y cada 2 pasadas 2 puntos durante 2 veces y 1 punto. A unos 91 cm de la altura total, enlazaremos todos los puntos.

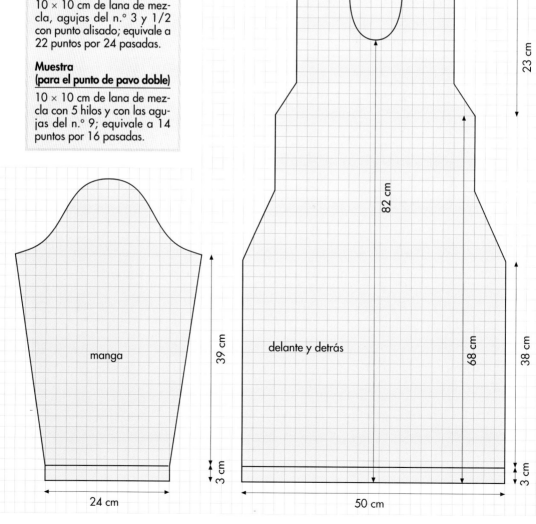

manga

39 cm

3 cm

delante y detrás

82 cm

23 cm

68 cm

38 cm

3 cm

24 cm

50 cm

# ■ PUNTOS EMPLEADOS

Punto tubular, canalé 1/1, punto alisado del revés, punto de pavo doble, punto de cangrejo para los retoques.

### Punto de pavo doble
De la 1.ª a la 6.ª pasada de aguja: con punto unido.

7.ª pasada de aguja: 1 punto en el borde, * 2 puntos iguales del derecho durante 3 veces, 1 punto del derecho y 1 punto baldío durante 6 veces, 1 punto del derecho, 2 puntos iguales del derecho durante 3 veces *, repetir de * hasta * por toda la aguja, finalmente 1 punto en el borde.

8.ª pasada de aguja: del revés.

9.ª pasada de aguja: repetir el proceso de la 7.ª pasada.

10.ª pasada de aguja: del revés.

11.ª pasada de aguja: repetir desde la 1.ª pasada.

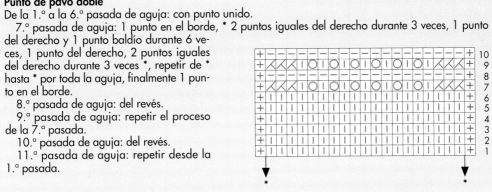

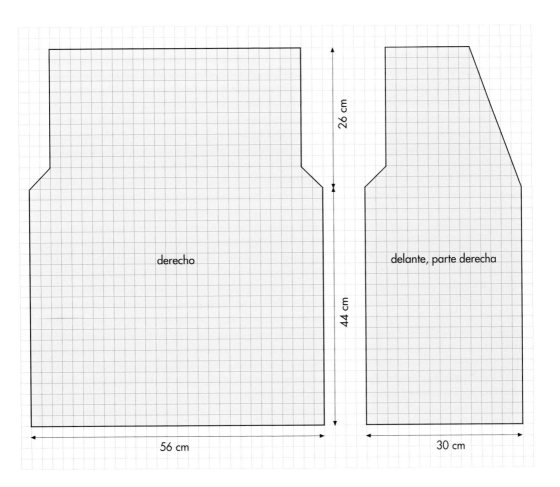

derecho

delante, parte derecha

26 cm

44 cm

56 cm

30 cm

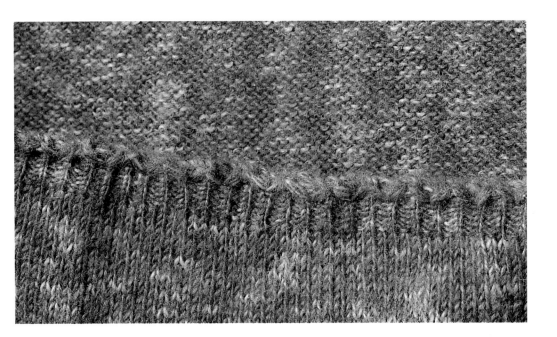

**Delante.** Con las agujas del n.º 3 y el hilo sencillo (sin usarlo doble) empezaremos a hacer 110 puntos y elaboraremos 4 pasadas de aguja con punto tubular. Continuaremos con canalé 1/1 durante 3 cm. Con las agujas del n.º 3 y 1/2 seguiremos con punto alisado, aumentando en ambos lados cada 14 pasadas de aguja 1 punto durante 6 veces. A unos 38 cm del borde disminuiremos en ambos lados cada 4 pasadas de aguja 1 punto durante 12 veces; continuaremos del derecho. A unos 68 cm de la altura total, enlazaremos a los lados 7 puntos, y cada 2 pasadas de aguja 2 puntos durante 2 veces y 1 punto. A unos 82 cm de la altura total, se enlazan los 28 puntos centrales y se terminan las dos partes por separado, enlazando hacia el centro 2 puntos durante 2 veces y 1 punto durante 5 veces. A unos 91 cm de la altura total, enlazaremos los puntos que queden.

**Manga.** Con las agujas del n.º 3 y el hilo normal (sin usarlo doble) empezaremos a elaborar 53 puntos y haremos 4 agujas con punto tubular. Continuaremos con las agujas del n.º 3 y 1/2 con punto alisado, aumentando en ambos lados cada 6 pasadas 1 punto durante 18 veces, y cada 4 pasadas de aguja durante 6 veces. A unos 39 cm del borde, se enlazan a los lados cada 2 pasadas, 7 puntos, 4 puntos, 2 puntos durante 2 veces, 1 punto 14 veces y 2 puntos durante 2 veces. A unos 50 cm de la altura total, se enlazan los puntos que queden.

Coseremos un hombro. Retomaremos los puntos del escote; para la franja elaboraremos los canalés 1/1 durante 2 cm, continuaremos con 6 pasadas de aguja con punto tubular, y cerraremos los puntos con una aguja. Coseremos el otro hombro, los costados, la parte infe-

rior de las mangas y finalmente montaremos las mangas.

## Chaleco

**Detrás.** Con las agujas del n.º 9 empezaremos a hacer 35 puntos. Continuaremos con el punto de pavo doble durante 44 cm; para las sisas disminuiremos cada 2 pasadas de aguja 2 puntos durante 2 veces. A unos 70 cm de la altura total, se enlazan los puntos que queden.

**Delante, parte izquierda.** Con las agujas del n.º 9 empezaremos a hacer 35 puntos. Proseguiremos con punto de pavo doble durante 44 cm; para las sisas disminuiremos cada 2 pasadas de aguja, 2 puntos durante dos veces; al mismo tiempo, para el escote disminuiremos, cada 6 pasadas de aguja 1 punto durante 6 veces. A 70 cm de la altura total, entrelazaremos los puntos restantes.

**Delante, parte derecha.** Seguiremos la parte de delante de forma análoga, pero siempre haciendo los cálculos necesarios.

Coseremos las espaldas y los costados. Retocaremos con punto de cangrejo los márgenes de abertura, el escote y la parte del cuello.

# CÁRDIGAN CON CUELLO DE CHAL

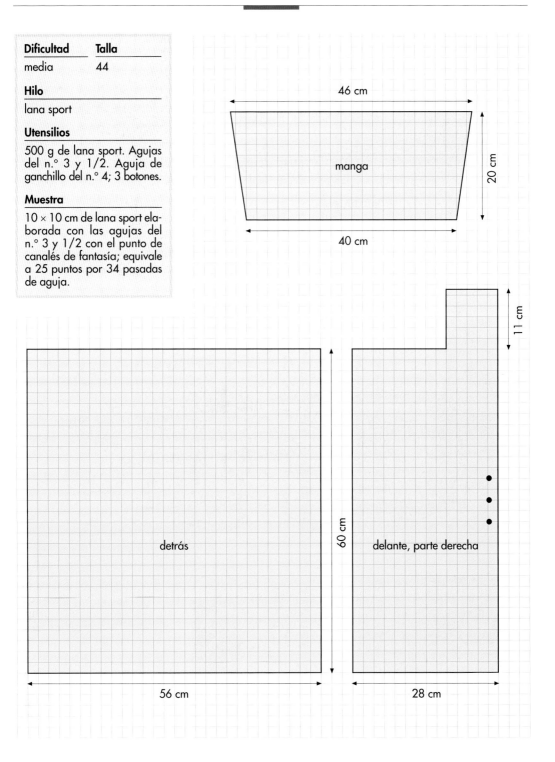

| Dificultad | Talla |
|---|---|
| media | 44 |

**Hilo**

lana sport

**Utensilios**

500 g de lana sport. Agujas del n.º 3 y 1/2. Aguja de ganchillo del n.º 4; 3 botones.

**Muestra**

10 × 10 cm de lana sport elaborada con las agujas del n.º 3 y 1/2 con el punto de canalés de fantasía; equivale a 25 puntos por 34 pasadas de aguja.

46 cm

manga

20 cm

40 cm

11 cm

detrás

60 cm

delante, parte derecha

56 cm

28 cm

■ **PUNTOS EMPLEADOS**

Punto sencillo, canalés de fantasía, punto de cangrejo y punto bajo para los retoques.

**Canalé fantasía**

Se dividen los puntos en canalés de 8 alternando * 8 puntos alisados, 8 puntos de arroz, 8 puntos de solapas de trenzas, 8 de arroz *, y se termina con 8 puntos de punto alisado. Se une la solapa de trenzas cada 10 pasadas de aguja.

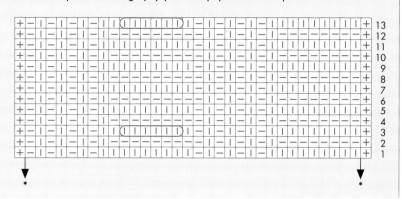

**Detrás.** Con las agujas del n.º 3 y 1/2 empezaremos a hacer 130 puntos; continuaremos con punto de canalé. A unos 60 cm de la altura total se enlazan todos los puntos.

**Delante, parte izquierda.** Con las agujas del n.º 3 y 1/2 empezaremos a hacer 65 puntos; continuaremos con punto de canalé. A unos 60 cm de la altura total, enlazaremos 41 puntos

para las espaldas. Seguiremos sobre los siguientes 24 puntos durante 11 cm, para formar el cuello de chal.

**Delante, parte derecha.** Continuaremos la parte de delante de un modo análogo, pero haciendo los cálculos necesarios.

**Manga.** Con las agujas del n.º 3 y 1/2 empezaremos a hacer 70 puntos. Continuaremos con

punto de canalé aumentando en los dos lados 1 punto cada 8 pasadas de aguja durante 7 veces. A unos 20 cm de la altura total, se enlazan todos los puntos.

Coseremos los hombros, los costados, la parte inferior de las mangas y finalmente montaremos las mangas.

Coseremos las dos mitades de delante que forman el cue-

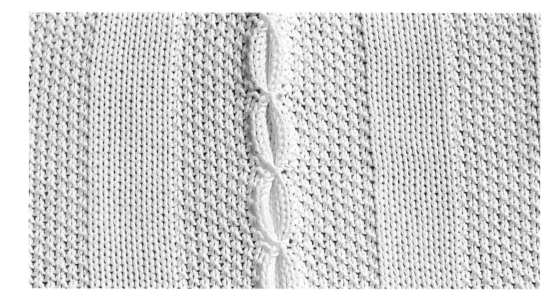

llo, con la parte del cuello de detrás. Con la aguja de ganchillo del n.° 4, utilizando el hilo doble, procederemos a retocar los márgenes de abertura, el cuello, el canalé, las hendiduras y las mangas con 1 giro de punto bajo. La parte final de la confección del cárdigan consistirá en terminar elaborando 1 giro de punto de cangrejo.

Durante la realización del giro con punto bajo, sobre la mitad de la parte derecha formaremos 3 ojales a unos 30-35-40 cm respectivamente de la franja.

# CÁRDIGAN CON ADORNOS
# DE PUNTO DEL REVÉS

| Dificultad | Talla |
|---|---|
| media | 44 |

**Hilo**

lana baby

**Utensilios**

450 g de lana. Agujas del n.º 3 y del n.º 3 y 1/2; 6 botones. Aguja de ganchillo del n.º 2 y 1/2.

**Muestra**

10 × 10 cm de lana baby con las agujas del n.º 3 y 1/2; 25 puntos por 27 pasadas.

**Detrás.** Con las agujas del n.º 3 haremos 4 pasadas de punto tubular y canalé (6 cm). Con las agujas del n.º 3 y 1/2, punto alisado con adornos del revés (30 cm). A unos 36 cm de la altura se enlazan a los dos lados 6 puntos y cada 2 pasadas 1 punto durante 8 veces.

**Delante, parte izquierda.** Con las agujas del n.º 3 haremos 60 puntos, punto tubular durante 4 pasadas y después canalé 3/3 durante 6 cm. Con las agujas del n.º 3 y 1/2 continuaremos con punto alisado con adornos del revés durante 30 cm. A unos 36 cm de la altura, se enlazan 14 puntos y se disminuye cada 2 pasadas 1 punto durante 4 veces. A unos 56 cm de la altura total, enlazaremos los puntos que queden.

**Detrás.** Con las agujas del n.º 3 empezaremos a hacer 120 puntos y continuaremos con punto tubular durante 4 pasadas; se-

## ■ PUNTOS EMPLEADOS

Punto tubular, canalés 3/3, punto alisado con adornos del revés, punto de cangrejo y punto bajo para los retoques.

**Punto alisado con adornos del revés**
Seguir el siguiente esquema; a cada cuadradito le corresponde 1 punto elaborado en una aguja.

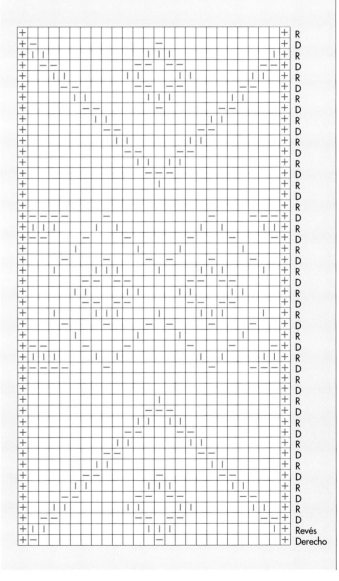

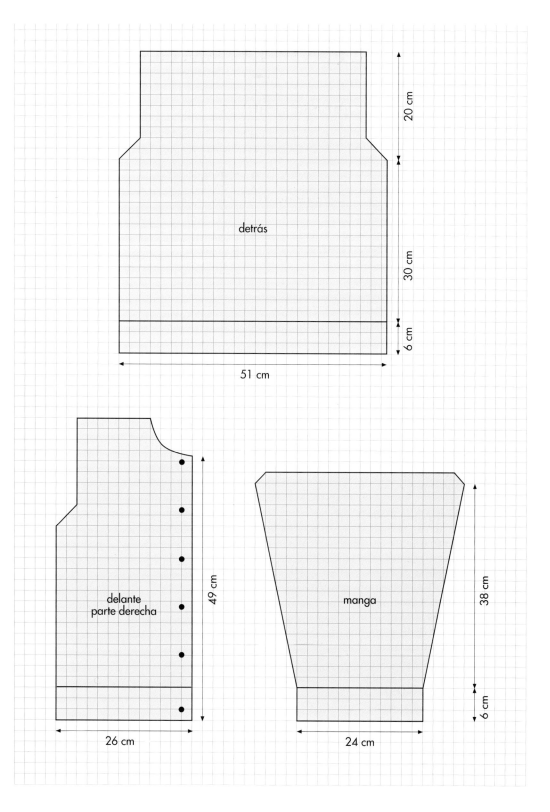

detrás

20 cm

30 cm

6 cm

51 cm

delante
parte derecha

49 cm

26 cm

manga

38 cm

6 cm

24 cm

guiremos con canalé 3/3 durante 6 cm. Con las agujas del n.º 3 y 1/2 haremos 30 cm con punto alisado con adornos del revés. A 36 cm de la altura, enlazaremos a los dos lados 6 puntos y cada dos pasadas 1 punto durante 8 vueltas.

**Delante, parte izquierda.** Con las agujas del n.º 3 haremos 60 puntos, y continuaremos con punto tubular 4 pasadas; proseguiremos con punto alisado con adornos al revés durante 30 cm. A 30 cm de la altura, enlazaremos a los dos lados 6 puntos y cada 2 pasadas 1 punto durante 8 veces. A 49 cm de la altura, enlazaremos 14 puntos y disminuiremos cada 2 pasadas 1 punto durante 4 veces.

**Delante, parte derecha.** Análoga a la parte izquierda.

**Manga.** Con las agujas del n.º 3 empezaremos a hacer 60 puntos, elaborados con punto tubular durante 4 pasadas de aguja; continuaremos con canalé 3/3 durante 6 cm. Con las agujas del n.º 3 y 1/2 seguiremos con punto alisado con adornos del revés, aumentando en ambos lados 1 punto cada 8 pasadas de aguja durante 20 veces. A unos 44 cm de la altura, enlazaremos en los dos lados 6 puntos, y cada 2 pasadas de aguja 1 punto durante 8 veces.

Coseremos los hombros. Coseremos los costados y la parte inferior de la manga y montaremos las mangas. Con la aguja de hacer ganchillo del n.º 2 y 1/2 retocaremos los márgenes de abertura con 1 giro de punto bajo y uno de punto de cangrejo.

# CÁRDIGAN A TRENZAS
# Y CHALECO DE PUNTO DE IRLANDA

## Cárdigan a trenzas

| Dificultad | Talla |
|---|---|
| media | 44 |

**Hilo**

lana de alpaca doble

**Utensilios**

800 g de lana. Agujas del n.º 5, n.º 6 y n.º 9. Aguja corta para las trenzas.

**Muestra**

10 × 10 cm de lana alpaca elaborada con las agujas del n.º 9 con el punto de trenzas; equivale a 15 puntos por 13 pasadas.

## ■ PUNTOS EMPLEADOS

Tubular, de trenzas, de cangrejo y bajo para retoques.

**Punto de trenzas**

1.ª, 3.ª y 5.ª pasadas: 1 en el borde, * 4 del revés, 6 del derecho *, se repite de * hasta * por toda la aguja, 4 del revés, 1 en el borde.

2.ª pasada (y todas las pares) elaborar los puntos tal y como se presenten.

7.ª pasada: 1 punto en el borde, * 4 puntos del revés, 6 puntos cruzados hacia la izquierda (se dejan en espera 3 puntos en la parte de delante de la prenda, se elaboran del derecho los 3 puntos sucesivos, y también del derecho los 3 puntos que estaban en suspensión) *, repetir de * hasta * por toda la aguja, 4 del revés, 1 en el borde.

9.ª pasada: se repite igual que la 1.ª.

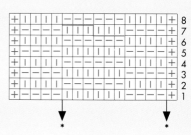

**Detrás.** Con las agujas del n.º 5 haremos 84 puntos con punto tubular durante 4 pasadas de aguja. Continuaremos con punto de trenzas con las agujas del n.º 9. A unos 41 cm del fondo; disminuiremos cada 2 pasadas de aguja 2 puntos durante 4 veces.

**Delante, parte izquierda.** Con las agujas del n.º 5 empezaremos a hacer 44 puntos y continuaremos con punto tubular durante 4 pasadas. Continuaremos con el punto de trenzas con las agujas del n.º 9. A unos 41 cm del fondo, disminuiremos cada 2 pasadas 2 puntos durante 4 veces. Al mismo tiempo, disminuiremos cada 4 pasadas de aguja 1 punto durante 8 veces dentro de los 3 primeros (superposición simple).

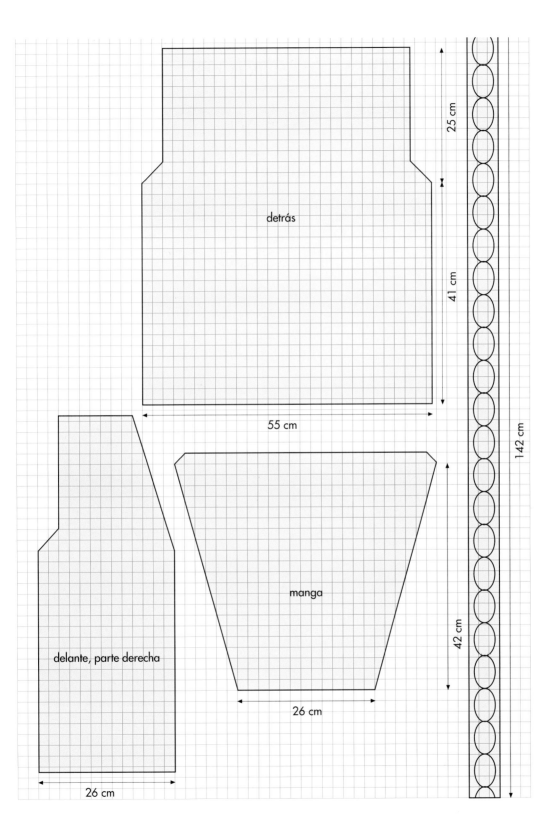

detrás

25 cm

41 cm

55 cm

delante, parte derecha

manga

42 cm

26 cm

26 cm

142 cm

**Delante, parte derecha.** Continuaremos la parte delantera de la derecha de manera análoga, pero calculando cuando sea necesario. En este lado, las disminuciones del escote en V se realizan con la técnica del estrecho derecho (véase el capítulo *Algunas técnicas concretas,* pág. 29).

**Manga.** Con las agujas del n.º 5 empezaremos a hacer 44 puntos y seguiremos con punto tubular durante 4 pasadas. Continuaremos con punto de trenza con las agujas del n.º 9, aumentando al mismo tiempo en los 2 lados cada 6 pasadas de aguja 1 punto durante 8 veces. A unos 42 cm del fondo, para las sisas de las mangas disminuiremos cada 2 pasadas de agujas 2 puntos durante 4 veces. Una vez agotados los calados, enlazaremos todos los puntos que hayan quedado en una sola vez.

Con las agujas del n.º 5 haremos con punto tubular 12 puntos, continuaremos con las agujas del n.º 6 con punto de trenzas durante 142 cm, terminaremos la franja elaborando punto tubular con las agujas del n.º 5 durante 4 pasadas y cerraremos con una aguja: esta franja será el final de los márgenes de abertura y del escote.

Coseremos las espaldas, los costados y la parte inferior de las mangas; montaremos las mangas. Coseremos la franja a los márgenes de abertura y al escote.

# Chaleco de punto de Irlanda

| Dificultad | Talla |
|---|---|
| media | 44 |

**Hilo**

lana de alpaca

**Utensilios**

300 g de lana. Agujas del n.° 3 y 1/2 y del n.° 4; 5 botones. Aguja de hacer ganchillo del n.° 3.

**Muestra**

10 × 10 cm de lana de alpaca simple elaborada con las agujas del n.° 4 con el punto de Irlanda; equivale a 25 puntos por 27 pasadas de aguja.

**Detrás.** Con las agujas del n.° 3 y 1/2 empezaremos a hacer 120 puntos y seguiremos con punto tubular durante 4 pasadas; continuaremos con canalé 2/2 durante 3 cm.

Con las agujas del n.° 4 tejeremos punto de Irlanda durante 27 cm. A unos 30 cm de la altura total, para las sisas enlazaremos en los dos lados 6 puntos y cada 2 pasadas de aguja 1 punto durante 8 vueltas. A unos 48 cm de la altura total, se enlazan todos los puntos.

**Delante, parte izquierda.** Con las agujas del n.° 3 y 1/2 empezaremos a hacer 60 puntos y seguiremos con punto tubular durante 4 pasadas de aguja; a continuación haremos canalé 2/2 durante 3 cm. Con las agujas del n.° 4 proseguiremos con el punto de Irlanda unos 27 cm. A unos 30 cm de la altura total, enlazaremos para las sisas a los dos lados 6 puntos y

## ■ PUNTOS EMPLEADOS

Punto tubular, canalé 2/2, punto de Irlanda, punto de cangrejo para los retoques.

### Punto de Irlanda

Se sigue el siguiente esquema; tendremos siempre muy en cuenta que a cada cuadradito le corresponde 1 punto elaborado en una aguja.

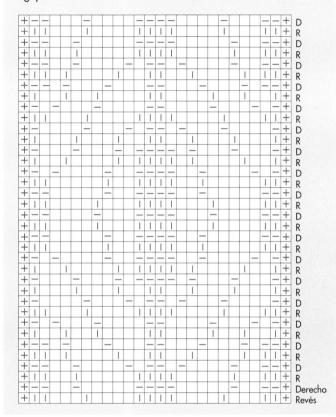

cada 2 pasadas de aguja 1 punto durante 8 veces. A unos 42 cm de la altura, enlazaremos 14 puntos y disminuiremos cada 2 pasadas de aguja 1 punto durante 4 veces. A unos 48 cm de la altura total, se enlazan los puntos que queden.

**Delante, parte derecha.** Confeccionaremos la parte delantera derecha de un modo análogo, pero con los cálculos oportunos.

Coseremos los hombros, los costados y la parte inferior de las mangas.

Con la aguja de ganchillo del n.° 3 retocaremos los márgenes del puño, los márgenes de abertura con 2 giros de punto bajo y haremos 1 giro con el punto de cangrejo.

A lo largo del margen de abertura de la parte delantera derecha, distribuiremos 5 ojales, y después coseremos los botones.

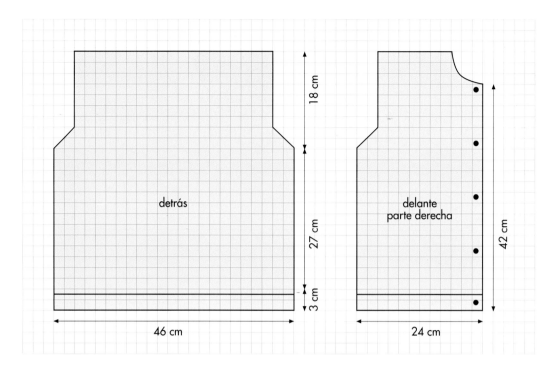

detrás

delante
parte derecha

18 cm

27 cm

3 cm

42 cm

46 cm

24 cm

# TOQUILLA BORDADA
# Y CONJUNTO DE RECIÉN NACIDO

## Toquilla

| Dificultad | Medidas |
|---|---|
| fácil | 60 × 80 cm |

### Hilo

lana baby

### Utensilios

250 g de lana blanca y 50 g de lana azul. Agujas del n.º 3 y 1/2. Aguja de hacer ganchillo del n.º 3. Una cinta de raso blanco con una anchura de 1 cm y 280 cm de largo.

### Muestra

10 × 10 cm de lana baby elaborada con las agujas del n.º 3 y 1/2 con punto alisado; equivale a 25 puntos por 30 pasadas de aguja.

## ■ PUNTOS EMPLEADOS

Punto sencillo, alisado, de red (con la aguja de ganchillo).

### Punto de red

1.er giro: con punto bajo.
   2.º giro: * 1 punto alto, 1 cadeneta, se salta 1 punto de base *, 1 punto alto. Repetir de * hasta *.
   3.er giro: con punto bajo.
   4.º giro: con el punto de cangrejo.

### Punto alto

Se entra con la aguja de hacer ganchillo en el 1.er punto del margen que hay que retocar, se tira del hilo y se pasa a través del punto de base, formando una cadeneta; se continúa ahora haciendo otra cadeneta (el punto alto tiene una altura doble, se realiza en dos pasos), * se tira del hilo sobre la aguja de ganchillo, y se fija en el punto sucesivo del margen que hay que retocar, se tira de nuevo del hilo del ovillo y se pasa a través del punto base: de este modo se tendrán 3 puntos sobre la aguja de ganchillo. Se tira del hilo del ovillo y se hace pasar a través de los primeros 2 puntos que se encuentran sobre la aguja de ganchillo y se hace pasar a través de los 2 últimos puntos que quedan en la aguja de hacer ganchillo, cerrando así el punto *. Repetir de * hasta *.

Con las agujas del n.º 3 y 1/2 haremos 140 puntos y seguiremos con punto alisado hasta 80 cm de la altura.

Haremos 4 giros de punto de red alrededor de la toquilla y pasaremos la cinta de raso entre los agujeros del punto de red.

Para el bordado recalcaremos sobre el papel de seda las letras necesarias para componer el nombre, y lo bordaremos con el punto de cadeneta rellenando los espacios que queden vacíos mediante los puntos pequeños que queramos.

# Conjunto

| Dificultad | Talla |
|---|---|
| media | 3 meses |

**Hilo**

lana baby

**Utensilios**

250 g de lana baby. Agujas del n.º 2 y 1/2 y del n.º 3. 5 botones.

**Muestra**

10 × 10 cm de lana baby, (agujas del n.º 3, punto alisado); equivale a 26 puntos por 33 pasadas.

## ■ PUNTOS EMPLEADOS

Tubular, canalé 1/1, alisado con solapas de trenzas.

### Punto alisado con solapas de trenzas

Se coloca la trenza elaborando 1 punto del revés, 6 del derecho, 1 del revés; se elaboran con punto alisado los que preceden y siguen a la solapa. Cada 10 pasadas con la lana azul se suspenden delante 6 puntos, se enrolla con 2 vueltas la lana azul alrededor de los puntos en espera haciéndola pasar primero por detrás de estos puntos; se elaboran del derecho con la lana blanca los 6 puntos, y se continúa con el punto alisado.

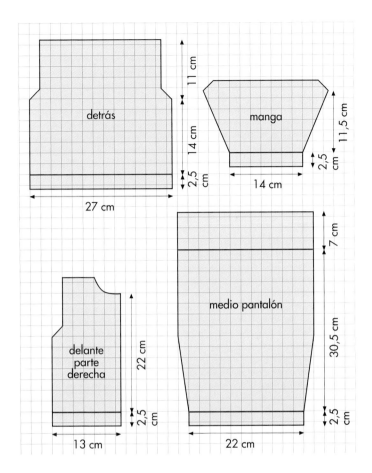

## Chaquetita

**Detrás.** Con las agujas del n.º 2 y 1/2 haremos 86 puntos y punto tubular durante 4 pasadas; canalé 1/1 durante 2,5 cm. Con las agujas del n.º 3, punto alisado. A unos 16 cm de la altura disminuiremos cada 2 pasadas 2 puntos 6 veces.

**Delante, parte izquierda.** Con las agujas del n.º 2 1/2 empezaremos a hacer 42 puntos y continuaremos con punto tubular durante 4 pasadas de aguja; seguiremos con los canalés 1/1 durante 2,5 cm. Con las agujas del n.º 3 haremos punto alisado, elaboran-

do 1 punto del revés, 6 puntos del derecho, 1 punto del revés. A unos 16 cm de la altura total, para las sisas disminuiremos cada 2 pasadas de aguja 2 puntos durante 6 veces. A unos 22 cm del borde, para el cuello se enlazan 10 puntos y se disminuye cada 2 pasadas de aguja 1 punto durante 3 veces.

**Delante, parte derecha.** Confeccionaremos la parte delantera derecha de manera análoga, pero calculando cuando sea necesario.

**Manga.** Con las agujas del n.º 2 y 1/2 haremos 40 puntos y seguiremos con punto tubu-

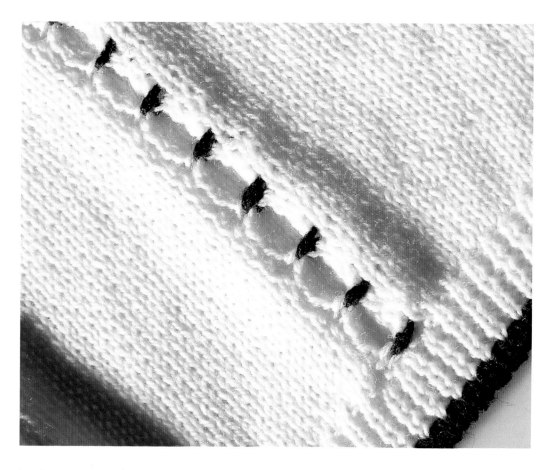

lar durante 4 pasadas; continuaremos con canalé 1/1 durante 2,5 cm. Con las agujas del n.º 3 proseguiremos con punto alisado aumentando en los lados cada 4 pasadas de aguja 1 punto durante 12 veces. A unos 14 cm de la altura total, para las sisas se disminuyen cada 2 pasadas de aguja 2 puntos durante 6 veces.

Coseremos los hombros. Retomaremos ahora los puntos de los márgenes de abertura de las partes de delante y los elaboraremos con las agujas del n.º 2 y 1/2 con canalés 1/1 durante 2 cm; sobre el borde izquierdo distribuiremos 5 ojales (se toman 2 puntos iguales, 1 punto baldío). Elaboraremos las úl-

timas 4 pasadas con punto tubular y cerraremos los puntos. Retomaremos los puntos del cuello y los elaboraremos con las agujas del n.º 2 y 1/2 con canalé 1/1 durante 2 cm. Confeccionaremos las últimas 4 pasadas con punto tubular y cerraremos los puntos con una aguja. Se cosen los lados y la parte inferior de las mangas.

## Pantaloncitos

**Lado izquierdo**. Con las agujas del n.º 1 y 1/2 empezaremos 50 puntos y trabajaremos con punto tubular durante 4 pasadas; continuaremos con canalé 1/1 durante 2,5 cm.

Con las agujas del n.º 3 proseguiremos con punto alisado aumentando en los lados cada 4 pasadas de aguja 1 punto durante 12 veces. A unos 33 cm de la altura total, continuaremos con los canalés 1/1 durante 7 cm y terminaremos elaborando 3 pasadas de aguja con una lana de un color que contraste.

**Lado derecho**. Se realiza igual que el lado izquierdo.

Uniremos las dos partes, cosiendo las piernas unos 16 cm aproximadamente. Doblaremos la franja de la cintura dos veces hacia el interior y la fijaremos con el punto atrás, metiéndole una goma elástica.

# CÁRDIGAN CON CANALÉ CALADO

| Dificultad | Talla |
|---|---|
| media | 44 |

**Hilo**

lana y seda elaborada doble

**Utensilios**

400 g de lana y seda. Agujas del n.° 6. Aguja de hacer ganchillo del n.° 4.

**Muestra**

10 × 10 cm de lana y seda, con las agujas del n.° 6 con bordes calados; equivale a 13 puntos por 15 pasadas.

## ■ PUNTOS EMPLEADOS

Punto sencillo, bordes con calados, punto de cangrejo.

**Canalé calado**

1.ª pasada de aguja: 1 punto en el borde, * 1 punto del derecho, 1 punto baldío, 2 puntos del derecho, 1 superposición doble (pasar 1 punto del derecho, elaborar a la vez del derecho los 2 puntos siguientes y superponerlos al punto que se ha pasado), 2 puntos del derecho *, repetir de * hasta * por toda la aguja, 1 punto baldío, 1 punto del derecho, 1 punto en el borde.

2.ª pasada de aguja y todas las pasadas de aguja pares: del revés.

3.ª pasada de aguja y todas las pasadas de agujas impares: repetir las mismas instrucciones que se han dado para hacer la 1.ª pasada.

**Detrás.** Con las agujas del n.° 6 haremos 56 puntos y canalé calado durante 40 cm. A unos 40 cm de la altura total, disminuiremos cada 2 pasadas de aguja 2 puntos durante 4 ve- ces. A unos 64 cm de la altura total, enlazaremos todos los puntos.

**Delante, parte izquierda.** Haremos 60 puntos. Seguire- mos con el punto de bordes calados durante 40 cm. A unos 40 cm de la altura total, disminuiremos cada 2 pasadas de aguja 2 puntos durante 4 ve- ces; al mismo tiempo, para el

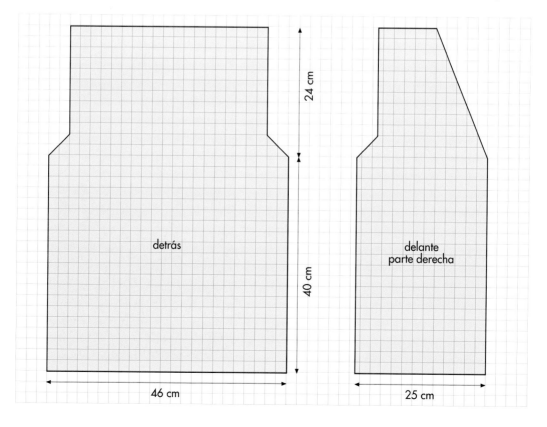

cuello se disminuirá cada 4 pasadas de aguja 1 punto durante 5 veces. A unos 64 cm de la altura total enlazaremos los puntos que queden.

**Delante parte derecha.** Se realiza la parte delantera derecha de forma análoga.

**Manga.** Con las agujas del n.º 6 haremos 33 puntos. Continuaremos con bordes calados (22 cm), aumentando en ambos lados cada 6 pasadas 1 punto. A unos 20 cm de la altura total, disminuiremos cada 2 pasadas 2 puntos durante 4 veces.

Coseremos los hombros, los costados y la parte inferior de las mangas y montaremos las mangas. Con la aguja de hacer ganchillo del n.º 4 retocaremos el borde del cuello y el de los márgenes de abertura, elaborando 1 giro con punto de cangrejo.

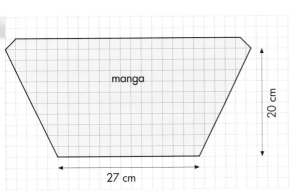

manga

20 cm

27 cm

# CÁRDIGAN CON CANALÉ INGLÉS

| Dificultad | Talla |
|---|---|
| media | 44 |

**Hilo**

lana sport

**Utensilios**

800 g de lana. Agujas del n.º 3 y 1/2 y del n.º 4; 3 botones. Aguja de hacer ganchillo del n.º 3 y 1/2.

**Muestra**

10 × 10 cm de lana sport elaborada con las agujas del n.º 4 con bordes ingleses; equivale a 20 puntos por 40 pasadas de agujas.

**Detrás.** Con las agujas del n.º 3 y 1/2 elaboraremos 111 puntos y continuaremos con punto tubular durante 4 pasadas.

Con las agujas del n.º 4 proseguiremos con canalé inglés durante 36 cm. A unos 36 cm de la altura total, para las sisas se disminuyen a los dos lados cada 2 pasadas 2 puntos durante 8 veces. A unos 62 cm de la altura total, enlazaremos todos los puntos.

**Delante parte izquierda.** Con las agujas del n.º 3 y 1/2 realizaremos 57 puntos y seguiremos con punto tubular durante 4 pasadas de aguja.

Con las agujas del n.º 4 continuaremos con canalé inglés durante unos 36 cm. A unos 36 cm de la altura total, para las sisas disminuiremos a los dos lados cada 2 pasadas de aguja 2 puntos durante 8 veces. Al mismo tiempo, a unos 36 cm de la altura total, dismi-

## ■ PUNTOS EMPLEADOS

Punto tubular, canalé inglés, punto de cangrejo y punto bajo para los retoques.

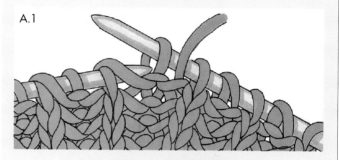

A.1

A.2

### Canalé inglés

1.ª pasada de aguja: (parte del revés de la prenda) 1 punto en el borde, * pasar 1 punto del revés sin elaborarlo dejando el hilo en la parte de delante de la prenda, 1 punto del derecho (se habrá formado un punto baldío) *, se repite de * hasta * por toda la aguja y se termina pasando 1 punto del revés sin elaborarlo teniendo el hilo en la parte de delante de la prenda, 1 punto en el borde (figura A.1).

2.ª pasada de aguja: 1 punto en el borde, * se elabora a la vez el punto pasado y el punto baldío de la pasada anterior; se pasa 1 punto del revés sin elaborarlo dejando el hilo en la parte de delante de la prenda, se elabora a la vez del derecho el punto que se había pasado y el punto baldío de la aguja anterior *, se repite de * hasta * por toda la aguja, 1 punto en el borde (figura A.2).

3.ª pasada de aguja: 1 punto en el borde, * se pasa 1 punto del revés sin elaborarlo dejando el hilo en la parte de delante de la prenda, se elabora a la vez del derecho el punto que se había pasado y el punto baldío de la aguja anterior *, se repite de * hasta * por toda la aguja, se pasa 1 punto del revés sin elaborarlo dejando el hilo en la parte delantera de la prenda, 1 punto en el borde.

4.ª pasada de aguja: se repiten las mismas instrucciones que se han dado desde la 2.ª pasada de aguja.

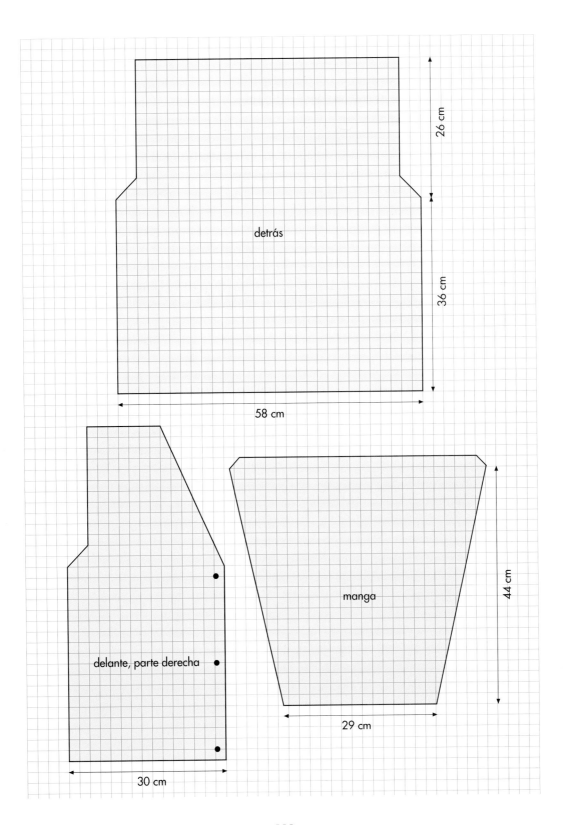

detrás

26 cm

36 cm

58 cm

delante, parte derecha

30 cm

manga

44 cm

29 cm

nuiremos, para el corte del cuello e internamente en los últimos 3 puntos, 1 punto cada 10 pasadas de aguja durante 12 veces. A unos 62 cm de la altura total, enlazaremos todos los puntos.

**Delante, parte derecha.** Se realiza de manera análoga.

**Manga.** Con las agujas del n.º 3 y 1/2 haremos 55 puntos y seguiremos con el punto tubular durante 4 pasadas de aguja. Con las agujas del n.º 4 continuaremos con el canalé inglés durante 44 cm aumentando en los dos lados 1 punto cada 10 pasadas de aguja durante 15 veces. A unos 44 cm de la altura total disminuiremos par las sisas de las mangas cada 2 pasadas 2 puntos durante 8 veces. Una vez se hayan acabado los calados, enlazaremos todos los puntos.

Coseremos los hombros, los costados y la parte inferior de las mangas y montaremos las mangas. Con la aguja de ganchillo del n.º 4 retocaremos los márgenes de abertura y el escote con 2 giros de un punto bajo, y terminaremos elaborando 1 giro de punto de cangrejo. A lo largo de todo el margen de abertura de la parte delantera derecha, distribuiremos 3 ojales dejando entre ellos una distancia regular, y coseremos los botones.

# CÁRDIGAN DE LANA MOHAIR FANTASÍA

| Dificultad | Talla |
|---|---|
| media | 44 |

**Hilo**

lana mohair mezcla

**Utensilios**

650 g de lana. Agujas del n.º 5 y del n.º 8; 4 botones. Aguja de hacer ganchillo del n.º 4 y 1/2.

**Muestra**

10 × 10 cm de lana mohair mezcla elaborada con agujas del n.º 8 con puntos de rombos pequeños; equivale a 10 puntos por 15 pasadas de aguja.

**Detrás.** Con las agujas del n.º 5 elaboraremos 58 puntos y seguiremos con punto tubular durante 4 pasadas. Con las agujas del n.º 8 continuaremos con punto de rombos pequeños durante 50 cm.

A unos 50 cm de la altura total, disminuiremos a ambos lados cada 2 pasadas 2 puntos durante 3 veces.

**Delante, parte izquierda.** Con las agujas del n.º 5 empezaremos 30 puntos y seguiremos con punto tubular 4 pasadas de aguja.

Con las agujas del n.º 8 continuaremos con punto de rombos pequeños 50 cm. A unos 50 cm de la altura total, disminuiremos en ambos lados cada 2 pasadas 2 puntos 3 veces.

A unos 65 cm de la altura total, enlazaremos para el escote 8 puntos y disminuiremos cada 2 pasadas de agujas 1 punto 3 veces.

## ■ PUNTOS EMPLEADOS

Punto tubular, punto de rombos pequeños, punto bajo y punto de cangrejo para los retoques.

### Punto de rombos pequeños

1.ª pasada de aguja: 1 punto en el borde, * 3 puntos del derecho, 1 punto del revés *, se repite de * hasta * por toda la aguja, 1 punto en el borde.

2.ª pasada de aguja: 1 punto en el borde, * 3 puntos del revés, 1 punto del derecho *, se repite de * hasta * por toda la aguja, 1 punto en el borde.

3.ª pasada de aguja: 1 punto en el borde, * se elaboran 3 puntos iguales del derecho (se dejan todavía sobre la aguja izquierda, 1 punto baldío, se elabora ahora 1 punto del derecho en los 3 puntos elaborados iguales, y se dejan caer los 3 puntos de la aguja), 1 punto del revés *, se repite de * hasta * por toda la aguja, 1 punto en el borde.

4.ª pasada de aguja: 1 punto en el borde, * 3 puntos del revés, 1 punto del derecho *, se repite de * hasta * por toda la aguja, 1 punto en el borde.

5.ª pasada de aguja: 1 punto en el borde, 1 punto del derecho, 1 punto el revés, * 3 puntos del derecho, 1 punto del revés, se repite de * hasta * por toda la aguja, 1 punto del derecho, 1 punto en el borde.

6.ª pasada de aguja: 1 punto en el borde, 1 punto del revés, 1 punto del derecho, * 3 puntos del revés, 1 punto del derecho *, se repite de * hasta * por toda la aguja, 1 punto del revés, 1 punto en el borde.

7.ª pasada de aguja: 1 punto en el borde, 1 punto del derecho, 1 punto del revés, * se elaboran 3 puntos iguales del derecho (se dejan ahora los puntos sobre la aguja izquierda en la que están, 1 punto baldío, y se elabora 1 punto del derecho en los 3 puntos elaborados iguales, y se dejan caer los puntos de la aguja), 1 punto del revés *, repetir de * hasta * por toda la aguja, 1 punto del derecho, 1 punto en el borde.

8.ª pasada de aguja: 1 punto en el borde, 1 punto del revés, 1 punto del derecho, * 3 puntos del revés, 1 punto del derecho *, repetir de * hasta * por toda la aguja, 1 punto del revés, 1 punto en el borde.

9.ª pasada de aguja: igual que la 1.ª pasada de aguja.

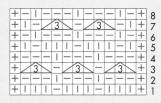

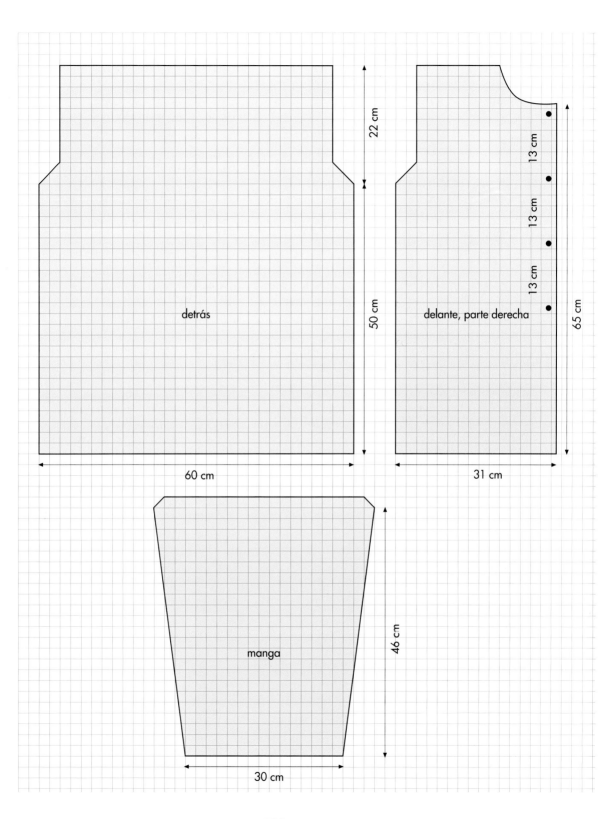

detrás

22 cm

50 cm

60 cm

delante, parte derecha

13 cm

13 cm

13 cm

65 cm

31 cm

manga

46 cm

30 cm

**Delante, parte derecha.** Se realiza la parte delantera derecha de forma análoga, pero calculando lo que sea necesario.

**Manga.** Con las agujas del n.º 5 empezaremos a hacer 30 puntos y continuaremos con punto tubular durante 4 pasadas de aguja. Con las agujas del n.º 8 realizaremos los puntos de rombos pequeños, aumentando en ambos lados 1 punto cada 8 pasadas de aguja durante 10 veces. A unos 46 cm de la altura total, disminuiremos para las sisas de las mangas cada 2 pasadas de aguja 2 puntos durante 3 veces. Una vez se hayan agotado los calados, enlazaremos todos los puntos.

Coseremos los hombros, los costados, y la parte inferior de las mangas; montaremos las mangas. Con la aguja de hacer ganchillo del n.º 4 y 1/2 retocaremos los márgenes de abertura con 2 giros de punto bajo y terminaremos elaborando 1 giro con el punto de cangrejo. A lo largo de todo el margen de abertura de la parte delantera derecha de la prenda, distribuiremos 4 ojales que tengan una distancia regular entre sí, y coseremos los botones.

# CASACA CON TIRAS DE TRENZAS

| Dificultad | Talla |
|---|---|
| media | 44 |

**Hilo**

lana lambswool

**Utensilios**

450 g de lana. Agujas del n.° 3 y 1/2 y del n.° 4. Aguja de hacer ganchillo del n.° 3.

**Muestra**

10 × 10 cm de lana lambswool elaborada con las agujas del n.° 4 con el punto de solapas de trenzas; equivale a 25 puntos por 27 pasadas.

**Detrás.** Con las agujas del n.° 3 y 1/2 empezaremos a hacer 120 puntos. Con las agujas del n.° 4 continuaremos con el punto de solapas de trenzas 30 cm. A unos 30 cm de la altura total, disminuiremos cada 2 pasadas de aguja 2 puntos 8 veces.

**Delante.** Con las agujas del n.° 3 y 1/2 empezaremos a hacer 120 puntos. Con las agujas del n.° 4 continuaremos con el punto de solapas de trenzas 30 cm. A unos 30 cm de la altura total, para las sisas disminuiremos cada 2 pasadas de agujas 2 puntos durante 8 veces. A unos 44 cm de la altura total, enlazaremos los 18 puntos centrales, y terminaremos las dos partes, disminuyendo en ambos lados del cuello cada 2 pasadas 1 punto 6 veces.

**Manga.** Con las agujas del n.° 3 y 1/2 empezaremos a hacer 50 puntos. Con las agujas del n.° 4 continuaremos con

## ■ PUNTOS EMPLEADOS

Punto sencillo, punto con solapas de trenzas, punto de cangrejo para los retoques.

**Punto de solapas de trenzas**

Se sigue el esquema que viene a continuación; a cada cuadradito le corresponde 1 punto elaborado por una aguja. Para la unión de las solapas de trenzas, véase el capítulo *Algunas elaboraciones particulares* (pág. 64).

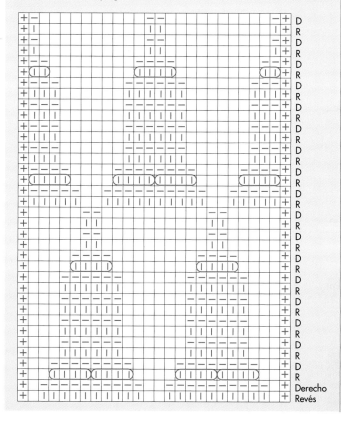

punto de solapas de trenzas aumentando en ambos lados 1 punto cada 8 pasadas de aguja durante 20 veces. A 41 cm de la altura total, para las sisas de las mangas disminuiremos cada 2 pasadas 2 puntos durante 8 veces. Una vez se hayan agotado los calados, enlazaremos todos los puntos.

Coseremos los hombros, los costados y la parte inferior de las mangas; montaremos las mangas. Con la aguja de hacer ganchillo del n.º 3 retocaremos los bordes del cuello, de las mangas y del fondo. Lo haremos a través de la elaboración de 1 giro con el punto de cangrejo.

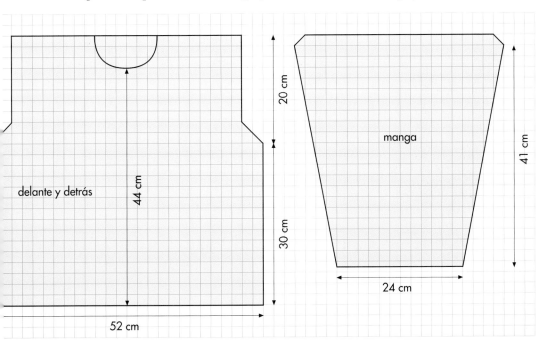

delante y detrás

44 cm

52 cm

20 cm

30 cm

manga

41 cm

24 cm

# CASACA DE PUNTO DE TULIPÁN

| Dificultad | Talla |
|---|---|
| difícil | 44 |

**Hilo**

lana y seda elaborada doble

**Utensilios**

400 g de lana y seda. Agujas del n.° 6. Aguja de hacer ganchillo del n.° 4.

**Muestra**

10 × 10 cm de lana y seda, elaborada doble con las agujas del n.° 6 con el punto de tulipán; equivale a 13 puntos por 15 pasadas de aguja.

**Detrás.** Con las agujas del n.° 6 empezaremos a hacer 60 puntos. Continuaremos con el punto de tulipán 37 cm. A unos 37 cm de la altura total, disminuiremos cada 2 pasadas de aguja 2 puntos durante 4 veces.

**Delante.** Con las agujas del n.° 6 empezaremos a hacer 60 puntos. Continuaremos con el punto de tulipán 37 cm. A unos 37 cm de la altura total, disminuiremos cada 2 pasadas de aguja 2 puntos durante 4 veces.

A unos 48 cm de la altura total, para el escote, enlazaremos los 11 puntos centrales; continuaremos por separado disminuyendo en los dos lados cada 2 pasadas 1 punto durante 3 veces.

**Manga.** Con las agujas del n.° 6 empezaremos a hacer 45 puntos. Continuaremos con el punto de tulipán. A unos 16 cm de la altura total, disminuiremos cada 2 pasadas de aguja 2 puntos durante 4 veces. Enlazaremos los puntos que queden.

Coseremos los hombros, los costados y la parte inferior de las mangas; montaremos las mangas. Elaboraremos un giro de punto de cangrejo en el borde del cuello.

## ■ PUNTOS EMPLEADOS

Punto sencillo, punto de tulipán, punto de cangrejo para los retoques.

### Punto de tulipán

1.ª pasada de aguja: 1 punto en el borde, 4 del derecho, * 1 baldío, 2 del derecho, se continúa con una superposición doble, es decir, superponiendo 3 puntos (se pasa 1 del derecho, se elaboran al mismo tiempo del derecho los 2 siguientes y se superponen al que se ha pasado), 2 del derecho, 1 baldío, 7 del derecho *, repetir de * hasta * por toda la aguja, 1 baldío, 4 del derecho, 1 en el borde.

2.ª pasada y todas las pasadas que sean pares: del revés.

3.ª y 5.ª pasadas de aguja: se repite la explicación que se ha dado para la 1.ª pasada.

7.ª pasada de aguja: 1 punto en el borde, se elaboran 2 iguales del derecho, 2 del derecho, 1 baldío, * 7 del derecho, 1 baldío, 2 del derecho, se superponen 3 (se pasa 1 del derecho, se elaboran los dos puntos siguientes del derecho e iguales y se superponen al punto que se había pasado), 2 del derecho, 1 baldío *, se repite de * hasta * por toda la aguja, 2 del derecho, 1 superposición simple (se pasa 1 del derecho, se elabora del derecho el siguiente y se superpone el que se ha pasado), 1 en el borde.

9.ª y 11.ª pasada de aguja: se repite el proceso de la 7.ª pasada.

13.ª pasada de aguja: se retoma desde la 1.ª pasada.

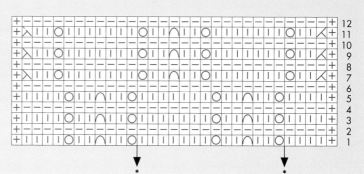

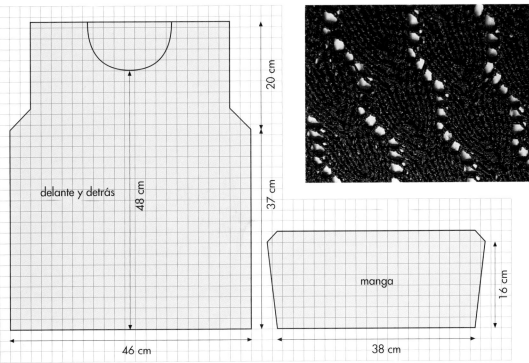

delante y detrás

48 cm

46 cm

20 cm

37 cm

manga

16 cm

38 cm

# GUARDAPOLVO
## CON MOTIVOS DE HOJITAS *À JOUR*

| Dificultad | Talla |
|---|---|
| difícil | 44 |

**Hilo**

lana sport

**Utensilios**

350 g de lana. Agujas del n.º 4 y del n.º 5. Aguja de hacer ganchillo del n.º 3 y 1/2.

**Muestra**

10 × 10 cm de lana sport (agujas del n.º 5, punto de hojitas *à jour*); equivale a 15 puntos por 18 pasadas.

**Detrás.** Con las agujas del n.º 4 empezaremos a hacer 80 puntos y continuaremos con punto tubular durante 4 pasadas. Con las agujas del n.º 5 seguiremos con el punto de hojitas *à jour* 54 cm.

**Delante.** Con las agujas del n.º 4 empezaremos a hacer 80 puntos con punto tubular durante 4 pasadas. Con las agujas del n.º 5 seguiremos con punto de hojitas *à jour* 54 cm.

**Manga.** Con las agujas del n.º 4 haremos 70 puntos y seguiremos con punto tubular 6 pasadas. Con las agujas del n.º 5 continuaremos con punto de hojitas *à jour* 21 cm.

Coseremos los hombros, los costados y la parte inferior de las mangas; montaremos las mangas. Con la aguja de hacer ganchillo del n.º 3 y 1/2 retocaremos el escote con 1 giro de punto de cangrejo.

### ■ PUNTOS EMPLEADOS

Punto tubular, punto de hojitas *à jour*, punto de cangrejo para los retoques.

**Punto de hojitas *à jour***

1.ª pasada de aguja: 1 punto en el borde, * 2 puntos del derecho, 1 punto baldío, 1 superposición doble (se pasa 1 punto sin elaborarlo, 2 puntos iguales del derecho, y se superpone el punto que se ha pasado sobre los 2 puntos iguales), 1 punto baldío, 1 punto del derecho *, se repite de * hasta * por toda la aguja, 1 punto del derecho, 1 punto en el borde.

2.ª pasada y todas las pasadas pares: del revés.

3.ª pasada de aguja: 1 punto en el borde, * 1 punto del derecho, 2 puntos iguales del derecho, 1 punto baldío, 1 punto del derecho, 1 punto baldío, 1 superposición simple *, se repite de * hasta * por toda la aguja, 1 punto del derecho, 1 en el borde.

5.ª pasada de aguja: 1 punto en el borde, 2 puntos iguales del derecho,1 punto baldío, * 3 puntos del derecho, 1 punto baldío, 1 superposición doble, 1 punto baldío *, se repite de * hasta * por toda la aguja, 3 puntos del derecho, 1 punto baldío, 1 superposición simple, 1 punto en el borde.

7.ª pasada de aguja: 1 punto en el borde, * 1 del derecho, 1 punto baldío, 1 superposición simple, 1 punto del derecho, 2 puntos iguales del derecho, 1 punto baldío *, se repite de * hasta * por toda la aguja, 1 punto del derecho, y 1 punto en el borde.

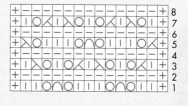

9.ª pasada de aguja: se repiten los pasos desde la 1.ª pasada.

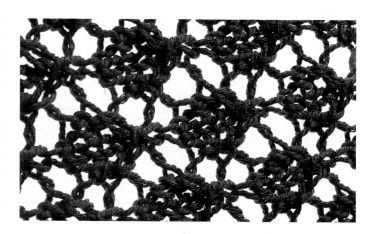

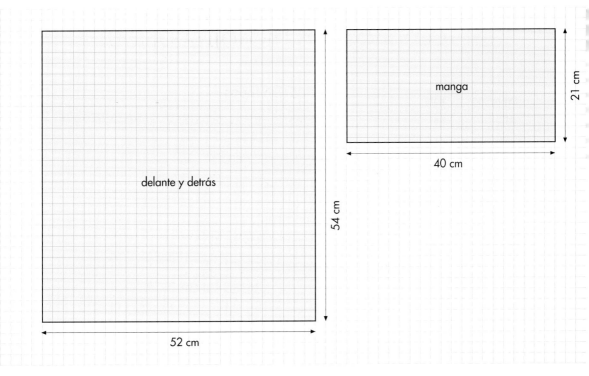

delante y detrás

52 cm

54 cm

manga

40 cm

21 cm

# CÁRDIGAN CON CALADOS, JACQUARD Y BORDADOS

| Dificultad | Talla |
|---|---|
| muy difícil | 44 |

**Hilo**

lana sport

**Utensilios**

500 g de lana: 300 g de color blanco, 50 g de color violeta, 50 g de color fucsia, 50 g de color verde claro y 50 g de color mostaza.

**Muestra**

10 × 10 cm de lana sport (agujas del n.º 4 con punto de rombos calados; equivale a 22 puntos por 32 pasadas.

**Detrás.** Con las agujas del n.º 3 empezaremos a hacer 128 puntos; seguiremos con punto unido durante 2 cm. Continuaremos con las agujas del n.º 4 dividiendo los puntos en varios colores según el esquema (32 verde claro, 32 violeta, 32 fucsia y 32 mostaza); al hacer cambios de colores enlazaremos los hilos en la parte de detrás tal y como viene indicado en las figuras A.1 y A.2 de la página 62. Después de haber elaborado unos 5 cm, se elaborarán de color blanco los 100 puntos centrales durante unos 10 cm y después dos pasadas de agujas. A 17 cm de la altura total, continuaremos con el punto de rombos calados 26 cm. Confeccionaremos con el color blanco unos 8 cm más.

**Delante, parte izquierda.** Con las agujas del n.º 3 con-

## ■ PUNTOS EMPLEADOS

Punto sencillo, punto unido, punto alisado, punto de rombos calados, punto de cangrejo para los retoques.

**Punto de rombos calados**
Se sigue este esquema.

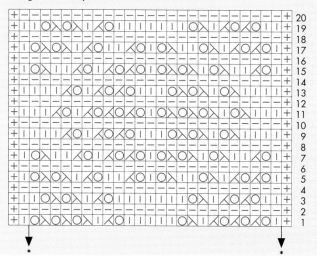

1 = punto alisado de color blanco
2 = rombos calados de color blanco
3 = punto unido de color blanco
4 = punto alisado del revés
   de color blanco
5 = punto alisado de color violeta
6 = punto alisado de color fucsia
7 = punto alisado de color verde
8 = punto alisado de color mostaza

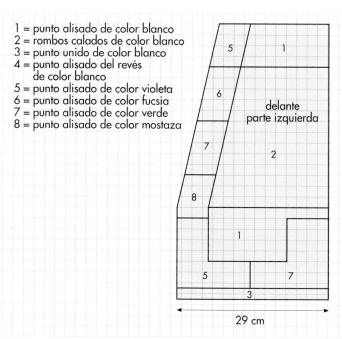

delante
parte izquierda

29 cm

feccionaremos 64 puntos y continuaremos con punto unido durante 2 cm. Proseguiremos con las agujas del n.° 4 dividiendo los puntos en diferentes colores según el esquema (32 puntos verde y 32 puntos violeta); cuando se cambie de color enlazaremos los hilos en la parte de detrás.

Después de haber elaborado unos 5 cm, haremos los 36 puntos centrales con el color blanco, durante otros 10 cm y después 2 pasadas. En la parte del escote, mantendremos los 14 puntos que se tienen que elaborar con el punto alisado alternando los colores según el esquema. A unos 17 cm de la

altura total, tejeremos con punto de rombos calados unos 26 cm; al mismo tiempo, después de los 14 puntos que se habían elaborado con el punto alisado siguiendo los colores del esquema, disminuiremos cada 6 pasadas 1 punto 20 veces. Continuaremos con el color blanco unos 8 cm, excepto

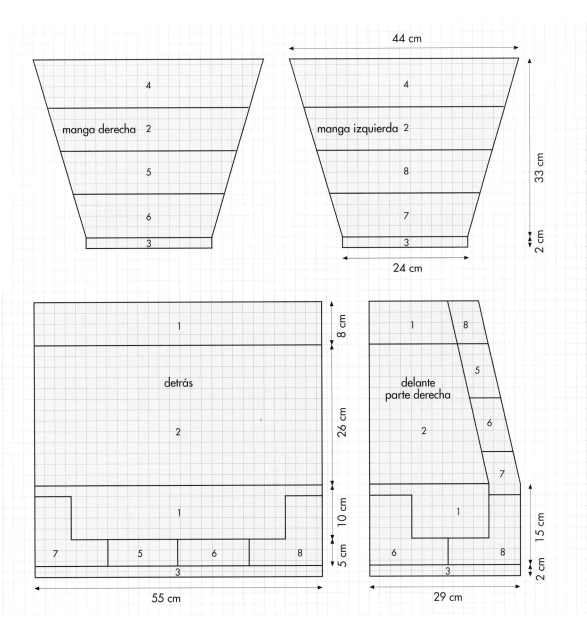

los 14 puntos elaborados con el punto alisado siguiendo los colores del esquema; a unos 51 cm aproximadamente de la altura total, enlazaremos los puntos restantes.

**Delante, parte derecha.** Realizaremos la parte delantera derecha de manera análoga, pero calculándola, insertando los colores tal y como se indica en el esquema.

**Manga.** Con las agujas del n.º 3 empezaremos a hacer 60 puntos, y elaboraremos con el punto unido unos 2 cm. Continuaremos con las agujas del n.º 4 aumentando en ambos lados 1 punto cada 6 pasadas de aguja durante 18 veces. A unos 25 cm de la altura total, enlazaremos todos los puntos. Confeccionaremos la manga siguiendo las indicaciones sobre el color en el esque-

ma. Después de haber elaborado unos 2 cm con el punto unido, continuaremos durante 8 cm con punto alisado del color que se indique, y para acabar tejeremos otros 8 cm con punto alisado del color indicado; continuaremos durante 8 cm con punto de rombos calados, y, seguidamente, elaboraremos los últimos 9 puntos con el color blanco y punto alisado del revés.

Coseremos las espaldas, los costados, la parte inferior de las mangas; montaremos las mangas y el cuello de las dos mitades de la parte delantera. Con una aguja de hacer ganchillo del n.º 4, usando el hilo doble, retocaremos los bordes de abertura y del cuello con 1 giro de punto bajo de color fucsia, y terminaremos elaborando 1 giro con el punto de cangrejo de color violeta.

Impreso en España por
EGEDSA
Rois de Corella, 12-16
08205 Sabadell